Ernst C. Achelis

Die Entstehungszeit von Luthers geistlichen Liedern

Ernst C. Achelis

Die Entstehungszeit von Luthers geistlichen Liedern

ISBN/EAN: 9783743416246

Hergestellt in Europa, USA, Kanada, Australien, Japan

Cover: Foto ©Thomas Meinert / pixelio.de

Manufactured and distributed by brebook publishing software (www.brebook.com)

Ernst C. Achelis

Die Entstehungszeit von Luthers geistlichen Liedern

Zu der

am 14. October 1883 Vormittags 11 Uhr

stattfindenden

feierlichen Einführung

des

neuen Rectors der Universität

ladet ein

der zeitige Rector

Leopold Schmidt,

Doctor der Philosophie, ordentlicher Professor der Philologie, Ritter des Rothen Adler-Ordens 4. Klasse.

Dem beigefügten Jahresbericht ist vorausgeschickt: Die Entstehungszeit von Luther's geistlichen Liedern von Ernst Achelis, o. ö. Professor der Theologie.

MARBURG.
Druck von C. L. Pfeil.
1883.

Die
Entstehungszeit von Luthers geistlichen Liedern.

Das bevorstehende Luther-Jubiläum hat den Gegenstand dieses Programms bestimmt; es tritt als Beitrag auf zu der vielgestaltigen Luther-Litteratur, die in diesem Jahre dem Andenken des grossen Reformators geweiht wird. Die Entstehungszeit von Luthers geistlichen Liedern zu ermitteln, gehört freilich nicht zu den dankbareren Aufgaben; aus den Schriften Luthers und andern gleichzeitigen oder auch früheren und späteren Quellen ist zu erfragen, wann die Veröffentlichung der einzelnen Lieder geschehen sei, ob die Veröffentlichung in den vorliegenden ersten Drucken die Abfassungszeit bezeichne, ob diese jener längere oder kürzere Zeit vorangehe. Das Ignoramus, das so oft ausgesprochen werden muss, an sich schon ein nicht befriedigendes Resultat, wird dadurch noch unbefriedigender, dass es nur ein höchst relatives Ergebnis bezeichnet, welches zu ändern aber gegenwärtig nicht möglich erscheint, obgleich weder subjektiver Trieb noch objektive Notwendigkeit fehlt. Dennoch ist es als vorläufiges Ergebnis nicht zu verachten; der Wissenschaft ist immer damit gedient, wenn ein richtiges, ob auch noch so geringes, Facit gezogen wird, und wenn falsche Positionen in ihrer Unsicherheit aufgewiesen werden. Durch solche Aufweisung wird neues Material herbeigeführt, zur wirklichen Sicherheit den Bau fortzuleiten, und für die bleibende Unsicherheit ergeben sich Erklärungsgründe, die nicht *allein* in mangelhafter Erforschung der Quellen bestehen, die vielmehr auf die, Dichtungen besonders geistlicher Art eigentümlichen, Entstehungsverhältnisse hinweisen, und so indirekt zur Würdigung des Dichters Luther ihren Beitrag liefern.

Um Luthers geistliche Lieder und die Bestimmung ihrer Abfassungszeit hat die Hymnologie in unserm Jahrhundert sich vielfach bemüht. Es ist **August Jakob Rambach**, Prediger zu St. Jakobi in Hamburg, der 1813 in seiner auf gründlichster Sachkenntnis beruhenden Schrift: „Ueber D. Martin Luthers Verdienst um den Kirchengesang u. s. w." die Decke aufklärerischer Verdunkelung und geschmackloser Verkennung von Luthers Liedern hinwegnahm und den Studien auch über die Entstehungsverhältnisse von Luthers Liedern einen Anstoss zu bleibender Bewegung gab. Nach und neben Rambach sollen die Arbeiten von Stip und Geffken, v. Winterfeld und Koch, Schneider und in neuester Zeit Biltz und Knaake nicht

1

vergessen sein; Allen voran gebührt auf unserem Gebiete jedoch Ph. Wackernagel der Vorrang. Mit dem Werke: „Das deutsche Kirchenlied von Martin Luther bis auf Nicolaus Herman und Ambrosius Blaurer" 1841 begann Wackernagel seine wertvollen Veröffentlichungen. Es folgte 1848 seine unübertroffene und geradezu relativ vollkommene Ausgabe von „Martin Luthers geistlichen Liedern mit den zu seinen Lebzeiten gebräuchlichen Singweisen." Die bibliographischen Notizen, mit welchen Wackernagel diese beiden Werke bereits begleitet hatte, wurden 1855 in dem Ehrendenkmal deutschen Gelehrtenfleisses zu ungeahnter grossartiger Ausdehnung gesteigert, in dem Buche: „Bibliographie zur Geschichte des deutschen Kirchenliedes im XVI. Jahrhundert" (wir zitieren das Buch als Wck. Bibl.). Zahlreiche Nachträge und Verbesserungen, auch bibliographische Notizen über die niederländische Hymnologie am Ende des Buches, vermehren die Anzahl der besprochenen ersten Drucke bis zu der Nummer 1149, und 110 Vorreden ältester Gesangbücher sind mitgeteilt. Aber auch diese mit Verbesserungen reich versehene Bibliographie erhielt neue Nachträge und Vervollständigungen, 574 an der Zahl, in dem ersten Bande (S. 365 bis 884) des fünfbändigen grossen Werkes von Wackernagel: „Das deutsche Kirchenlied von der ältesten Zeit bis zu Anfang des XVII. Jahrhunderts" 1864 ff. (wir zitieren es als Wck. I. II u. s. w.), in dessen drittem Bande die Lieder Luthers nach dem Texte der ersten Ausgaben mitgeteilt sind. Aus neuester Zeit ist zu dem Allen als eins der Hauptwerke der gesamten hymnologischen Litteratur hinzugekommen das zweibändige „Kirchenlieder-Lexicon" von Albert Fr. W. Fischer (wir zitieren es als Fischer I u. II) 1878 ff., in welchem hymnologisch-litterarische Nachweisungen über 4500 Kirchenlieder aller Zeiten zusammengestellt sind. Kundigeren und verdienteren Händen konnte die Herausgabe der zum Lutherjubiläum zu erwartenden Prachtausgabe von Luthers Liedern nicht anvertraut werden. Es nimmt aber dem hohen Werte dieses Buches und dem bleibenden Verdienste des Verfassers gewiss nichts die Bemerkung, dass der behandelten Nummern zu viele sind, als dass die Einzelforschung nicht noch eine Anzahl von Ergänzungen und Berichtigungen nach dem gegenwärtigen Stande der Kenntnis hinzuzufügen hätte. Gegenwärtiges Programm würde höher geschätzt werden, als es beansprucht, wenn es als willkommene Vervollständigung von Wackernagel und Fischer inbetreff der Entstehungszeit von Luthers Liedern und als Beitrag zur Schätzung Luthers als Kirchenlieddichter beurteilt würde.

1523.

Vor dem Jahre 1523 ist die Abfassung keines der Lieder Luthers nachweisbar. Immerhin eine auffallende Erscheinung. Doppelt auffallend, wenn damit gesagt sein sollte, dass der kerndeutsche Luther, der Meister der Poesie und des Gesangs, so wenig deutsch gewesen sei, dass er erst in seinem vierzigsten Lebensjahre zu dichten angefangen habe.

Für die Reihe der nach traditioneller Annahme 1523 und 1524 verfassten Lieder Luthers liegen ausser den gehörigen Ortes anzuführenden Einzeldrucken *drei* Originalsammlungen von Kirchenliedern vor:

1. Etlich chriſtlich lider | Lobgeſang vñ Pſalm, dem rai- | nen wort Gottes gemeß, auß der | heyligē ſchrifft, durch mancher- | ley hochgelerter gemacht, in der | Kirchen zu ſingen, wie es dann | zum tayl berayt zu Wittenberg | in übung iſt. ‖ wittenberg M.D.xxiiij [1]).

Das Büchlein enthält *acht* Lieder — daher das Achtliederbuch (a) genannt — worunter *vier* Lieder von Luther.

Ein Abdruck desselben Satzes liegt vor, *wahrscheinlich* späteren Datums, in welchem die Jahreszahl irrtümlich M.D xiiij lautet [2]). Wir zitieren diesen Abdruck als Achtliederbuch b.

Ein anderer Abdruck mit konsequenter oberdeutscher Orthographie, vielen Druckfehlern und abweichenden Lesarten, kommt für unsern Zweck nicht in Betracht [3]).

Es darf als ausgemacht gelten, dass Luther *nicht* der Herausgeber des Achtliederbuchs ist. Er würde weder seinen Namen verschwiegen, noch eine Vorrede unterlassen haben; er würde statt: „zu Wittenberg" doch wohl „allhier" geschrieben, und gewiss sich nicht unter die „Hochgelerten" gerechnet haben u. s. w.[4]). Der Umstand ferner, dass der Drucker sich nicht nennt, dass von Wittenberg als von einer fremden Stadt geredet wird, macht es sehr wahrscheinlich, dass das Büchlein gar nicht in Wittenberg gedruckt worden ist; es wird wohl die Arbeit irgend eines gewinnsüchtigen Buchdruckers — Wck. Bibl. S. 462, 10 vermutet: zu Nürnberg oder Augsburg — sein. Auf welche Weise der Drucker jedoch die Lieder Luthers sich zu verschaffen gewusst habe, darüber existiert nicht einmal eine begründete Vermutung.

---

1) Wck. Bibl. S. 49 CXXIX; S. 462, 5. — W. sind drei Exemplare bekannt: in der Königl. Bibl. zu Dresden, in der Bibl. des Herrn Zeisberg in Wernigerode, in der Bambach'schen Sammlung auf der Stadt-Bibl. zu Hamburg.

2) Wck. Bibl. S. 50 CXXX; S. 463, 6. — Auch von diesem Drucke sind W. drei Exemplare bekannt: in der v. Scheurl'schen Bibl. zu Nürnberg, die beiden andern in Berlin (Königl. Bibl. und Bibl. des Herrn v. Meusebach).

3) Wck. Bibl. S. 50 CXXXI; S. 463, 7.

4) vgl. Rambach S. 67 ff.

2. **Eyn Enchiridion oder | Handbüchlein eynem yg- | lichen Chriſten faſt nutzlich bey ſich | zuhaben, zur ſtetten vbung vnd | trachtung geyſtlicher geſenge | vnd Pſalmen, Recht- | ſchaffen vnd kunſt- | lich verteutſcht. | MCCCCCxxiiij** | — Gedruckt zu Erffurd, yn der Permentergaſſen, zum Ferbefaß. MDxxiiij [1]).

Dies Gesangbuch ist das erste, welches eine Vorrede, und zwar eine sehr bedeutungsvolle, enthält; ausser den acht Liedern des Achtliederbuches sind siebenzehn andere Lieder aufgenommen, also in der Gesamtzahl von 25; ausser den vier Liedern Luthers im Achtliederbuch finden sich vierzehn neue Lieder Luthers, so dass *achtzehn* Lutherlieder vorliegen.

Von dem Buche findet sich nur noch *ein* Exemplar, zu Goslar; es wird zum Unterschiede von dem sogleich zu nennenden nach dem Besitzer der Druckerei in der Permentergasse, Kaufmann L u d w i g T r u t e b u l [1]), auch das Trutebulsche Enchiridion genannt.

Ein späterer Abdruck aus demselben Jahre, mit kleinen orthographischen Abweichungen und einer etwas veränderten Anordnung der Lieder, liegt in dem zweiten Erfurter Enchiridion vor, das die Unterschrift hat: **Gedruckt zu Erffordt zcum Schwartzen | Hornn, bei der Kremer bruden. | MDxxiiij. Jar.** — Das einzige Exemplar befand sich in der öffentlichen Bibl. zu Strassburg; es ist mit dieser 1870 zu Grunde gegangen. Der Nachwelt ist's jedoch dadurch erhalten worden, dass 1845 Karl Reinthaler am Martinsstift zu Erfurt dasselbe in Facsimiledruck herausgegeben hat. Ausser mehreren andern später zu erwähnenden teilweise sehr seltenen Drucken liegt mir ein Exemplar der Reinthaler'schen Nachbildung vor aus der mit dankenswertester Liberalität mir zur Benutzung geöffneten an mancherlei hymnologischen und musikalischen Schätzen reichen Bibliothek des Herrn Prof. Dr. med. G u i d o W a g e n e r in Marburg.

Auch das Erfurter Enchiridion ist *nicht* von Luther herausgegeben [3]). Es ist nur eine Vermutung, dass J u s t u s J o n a s, wie W a c k e r n a g e l annimmt, oder J o h a n n L a n g e, wie Andere wollen, der Verfasser der Vorrede und des Gesangbuchs sei. Auch hier bleibt es unerklärt, wie der Verfasser in den Besitz der Lieder Luthers gekommen ist, wenn nicht, was wahrscheinlich, die Ausgabe mit Luthers Einwilligung und Teilhaberschaft besorgt ward.

3. **Geyſtliche geſangk Buchleyn. | Tenor. | Wittemberg. MDlllj** (sic!).

Ursprünglich bestand das Buch aus fünf Teilen, nach den fünf Stimmen: Tenor, Discantus, Altus, Bassus und Vagans (zweiter Tenor). Das einzige noch vorhandene Exemplar befindet sich auf der Königl. Bibl. in München [4]); es enthält nur die Tenor- und die Bassstimme, letztere mit dem Titel: **Bassus. Wittembergk MDxxiiij** (also Verbesserung des Druckfehlers in der Jahreszahl des Tenor).

---
[1]) Wck. Bibl. S. 67 CLVII.
[2]) Wck. Bibl. S. 59, 8 – 10.
[3]) Falsch und durchaus irreführend sind die Angaben bei H. A. Köstlin: Luther als der Vater des evangelischen Kirchengesangs 1881 (in Sammlung musikalischer Vorträge Nr. 34), S. 305.
[4]) Wck. Bibl. S. 63 ff. CLXIII.

Es ist das erste G.B., das eine „Vorrhebe Martini Luther" trägt, von Luther selbst in Verbindung mit dem späteren Kurfürstlich Sächsischen Capellmeister Joh. Walther herausgegeben, daher auch das Wittenberger oder Walthersche Chorgesangbüchlein genannt[1]). Es enthält 5 lateinische und 32 deutsche Gesänge, worunter 6 neue von Luther, so dass mit diesem Büchlein 24 Lieder Luthers uns vorliegen.

Mit einiger Sicherheit gehört dem Jahre 1523 das Lied an:

1. Eynn hubsch Lyed von denn zweyen Marterern Christi, zu Brüssel von den Sophisten zu Louen verbrandt. Martinus Luther[2])." Es ist der poetische Bericht über den Märtyrertod, den die beiden Augustinermönche von Antwerpen Heinrich Voes und Johannes Esch durch den Ketzermeister Hogstraaten am 1. Juli 1523[3]) zu Brüssel auf dem Scheiterhaufen erlitten. Ein Lied aus dem Urquell heldenhaften Glaubens gesungen, das, obgleich nicht im strengen Sinne des Wortes ein *Kirchenlied*, zu den edelsten Perlen evangelischer Liederdichtung gehört.

Es erschien zuerst in zehn neunzeiligen Strophen im Erf. Ench.; in der Trutebulschen Ausgabe das zweitletzte, in der Ausgabe vom schwarzen Horn das letzte Lied. Im Waltherschen Gesangbuch ist das Lied um zwei besonders kraftvolle Strophen (9 und 10) vermehrt, ohne Frage von Luther, dem Herausgeber, selbst verfasst. In diesen beiden Gesangbüchern ist allerdings die Abfassungszeit des Liedes nicht angegeben; nur der Terminus ad quem steht durch die Jahreszahl 1524 fest, welche die G.BB. selbst tragen. Dagegen findet sich sowohl in der Ausgabe der geistlichen Lieder, welche Luther 1531[4]) besorgte, als auch in der bei Joseph Klug in Wittenberg 1535[5]) gedruckten ebenfalls von Luther besorgten Ausgabe unter der Ueberschrift des Liedes die Jahreszahl 1523 angegeben; ob diese Jahreszahl sich jedoch auf das *Faktum* bezieht, welches das Lied besingt, oder auf die *Abfassungszeit* des Liedes selbst, lässt sich mit Sicherheit nicht entscheiden, obgleich die Analogie mit anderen mit blosser Jahreszahl versehenen Liedern, bei denen die Beziehung auf ein Faktum ausgeschlossen ist, mehr für die *Abfassungszeit* spricht. Für 1523 als Abfassungszeit tritt ein auch der aus 1523 stammende, wahrscheinlich im Juli geschriebene Brief Luthers „an die Christen in Holland, Brabant und Flandern"[6], in

---

1) Wck.: Mart. L.'s geistl. Lieder S. XII ff.

2) So nach dem Erf. Ench. ed. Reinthaler; orthographisch etwas anders bei Wck. III. S. 3 ff.

3) Fischer I, 161 giebt den 30. Juni 1523 an. Luther selbst nennt in einem undatierten Briefe an Spalatin 1523 (de Wette: Luthers Briefe, Sendschreiben und Bedenken II, 361) den 1. Juli: prima Julii sunt exusti fratres nostri Augustinenses . . . . .

4) Geiß- | liche lieber auffs | new gebessert zu Wittemberg D. | Mar. Luth. | MDxxxi. — gedruckt zu | Erffurdt. Andre- | as Rauscher zum | halben Rad in der | Mregmer gassen | MDxxxi. Wck. I, 397 XXXIX.

5) (Geistliche lieber zu Wittenberg. D. Mart. Luther. 1535) — Gedruckt zu Wit- | temberg durch | Joseph Klug MDXXXV. — Wck. Bibl. S. 131 CCCXXVIII. —

6) Luthers Werke Erl. Frkf. Ausg. 53, 160 de Wette II, 362 ff. Im Jahr 1525 kommt Luther noch einmal auf die beiden Märtyrer zu reden in jenem Trostbriefe, den er aus Anlass der Ermordung Heinrichs von Zütphen „Meinen lieben Gottes auserwählten Freunden in Christo zu Bremen" schreibt (L.s Ww. 26, 313 ff.).

welchem *unverkennbar* dieselben Gedanken, teilweise mit denselben Worten, sich finden, wie in dem Märtyrerliede selbst.

Allein unangefochten ist die Jahreszahl 1523 nicht. In den von Luther selbst herausgegebenen G.BB., bei Joseph Klug zu Wittenberg 1543 [1]) und bei Valentin Babst in Leipzig 1545 [2]) erschienen, findet sich unter der Ueberschrift des Liedes die Jahreszahl 1522 angegeben. Aus der Bibliothek des Herrn Prof. Dr. G. Wagener liegen mir zwei Exemplare des Val. Babst'schen G.Bs vor, die, soviel ich sehe, durchaus gleichlautend sind. Das eine ist „Gedruckt zu Nürnberg, durch Gabrielem Heyn 1558" (Wck. Bibl. S. 287 DCCXLVIII), das andere „Gedruckt zu Leipzig durch Valentin Babst." MDLXVII. (Wck. Bibl. S. 342 DCCCLXXXIX.) Sie unterscheiden sich von Val. Babst 1545 dadurch, dass der *zweite* Teil nicht, wie Babst 1545 (Wck. Bibl. S. 199, 3) 40 Stücke, sondern, wie der Zusatz des Titels: „Auffs newe vbersehen, gebessert vnd gemehret" ankündigt, 70 Stücke enthält. Das Lied von den zwei Märtyrern steht Teil 1 Nr. XXXIX und hat in beiden Exemplaren den Zusatz: „Geschehen im Jar MDxxlj. D. Mart. Luther." Während sich also diese Notiz auf das dem Liede zum Vorwurfe dienende *Faktum* bezieht, kommt für 1522 als *Abfassungszeit* des Liedes der Umstand in Betracht, dass de Wette II, 362 die Angabe macht, nach Rotermund Nr. 129 sei jener Brief nach Holland unter dem Titel: „An die Christen in Holland und Brabant" bereits 1522 in 4° erschienen, und die Erl. Frkf. Ausgabe der WW. Luthers hat a. a. O. die de Wette'schen Angaben unbesehens abgedruckt.

Dass das bibliographische Werk von H. W. Rotermund: „Verzeichniss von den verschiedenen Ausgaben der sämmtlichen Schriften Dr. M. Luthers, wie sie der Zeit nach im Druck erschienen sind" Bremen 1818 eine recht unzuverlässige Quelle sei, ist von de Wette selbst anerkannt (z. B. II, 349). Irgend eine die Angabe Rotermunds bestätigende Spur ist mir in keinem bibliographischen Werke aufgestossen. In den Briefen und Schriften Luthers, deren Datierung von 1522 unzweifelhaft ist, kommt eine Andeutung von seiner Kenntnis des Märtyrertodes der beiden Augustiner nicht vor. Dagegen beginnen sofort nach dem 1. Juli 1523 die darauf bezüglichen brieflichen Aeusserungen Luthers. Am 26. Juli dominica post Jacobi (de Wette II, 358) schreibt er an Jac. Montanus: Ex Flandria bona accepimus nuntia, esse duos ex nostris fratribus pro verbo Dei exustos Brussellae in foro publico spectaculo. Deo gratia per Christum. In demselben Monate an Joh. Crotus (de Wette II, 359):

---

[1]) Geistliche Lie | der zu Wit | tenberg, | Anno 1543. | Warumb | D. Mart. | Luther. | Biel falscher Meister jtzt Lieder tichten | Sihe dich fur, vnd lern sie recht richten | Wo Gott hin bawet sein Kirch vnd sein wort | Da wil der Teufel sein mit trug vnd mord. | — Gedruckt zu Wittemberg, Durch Joseph | Klug, Anno M | Dxlij. Eine andere Ausgabe hat am Ende die Jahreszahl 1544. Nach Wck. Bibl. S. 187 CDLXII und CDLXIII ist das G. B. ohne alle Sorgfalt mit sehr zahlreichen Fehlern gedruckt.

[2]) Geystliche | Lieder. Mit einer newen vorrhede, | D. Mart. Luth. | Warumb. | D. M. L. | Viel falscher Meister etc. (wie Anm. 1). Leipzig. — Gedruckt zu Leipzig durch Valentin Babst | in der Ritterstrassen |. 1545. — So der Titel des ersten Teils. Der zweite hat die Ueberschrift: Psalmen vnd | Geistliche lieder, welche | von fromen Christen | gemacht vnd zu | samen gelesen | Rab. | Leipzig. Das Buch ist mit grosser Kunst und Sorgfalt gedruckt. Wck. Bibl. S. 199 CDLXXIX.

Exusti sunt jam duo fratres Bruxellae. Im selben Monate an Spalatin ähnlich de Wette II, 361, vgl. 463 den Brief vom 19. Jan. 1524 an Lamb. Thorn.
Inbetreff des *Faktums* ist zu bemerken, dass die geschichtlichen Ereignisse in den Niederlanden für 1522 keinen Raum zu bieten scheinen, wohl aber bestimmt auf den 1. Juli 1523 weisen. Vgl. Wenzelburger: Gesch. der Niederlande I (1879), S. 733 ff. Kolde: Augustiner-Kongregation S. 390 und die dort angeführten Schriften: Janssen: Jacobus Praepositus 1860, S. 106 ff. und Hoop — Scheffer: Geschiedenis der hervorming in Nederland enz., in Studien en Bijdragen I, 113. —
Somit dürfte es unzweifelhaft sein, dass Luthers eigene Angaben in den G. BB. 1543 und 1545 auf einem Erinnerungsfehler beruhen, und dass sowohl das Ereignis als auch das darauf bezügliche Märtyrerlied ins Jahr 1523 zu setzen ist.

2. Als erstes und vielleicht als schönstes aller eigentlichen Kirchenlieder Luthers ist das Lied: Nu frewt euch, lieben Christen gmeyn, vnd lost vns frölich springẽ u. s. w. anzusehen. Der erste Druck liegt vor in dem Achtliederbuch 1524, das mit diesem Liede eröffnet wird unter dem Titel: „Ein Christenlichs lieb Doctoris Martini Luthers, die vnausiprechlichen gnaben Gottes vnd des rechten Glaubens begreyffendt." In dem Achtliederbuche (a) findet sich die Unterschrift 1524 Mart. Luth. [1]), in dem Achtliederbuche (b) ist die Jahreszahl 1524 in 1523 korrigirt [2]). Oder ist 1524 Korrektur von 1523? Oder ist 1523 Druckfehler? Das Verhältnis der beiden Abdrücke des Achtliederbuchs zu einander ist unsicher.

Auch die andern Zeugnisse sind zweifelhaft. Nach Fischer I, 179 erwähnt Langbecker: „Gesangblätter aus dem sechszehnten Jahrhundert." 1838, S. 5 (wohl nach Wimmer: Lieder-Erklärung IV, 285) ein Gesangblatt vom Jahr 1523, auf welchem unser Lied nebst dem des Paulus Speratus: „Es ist das Heil uns kommen her" erschienen sein soll. Auch der sogenannte „Berliner Liederschatz" 1832 (ebenso in den späteren Ausgaben, in denen die Vorreden der früheren auszugsweise mitgeteilt sind) hat die Notiz: „Der sel. Dr. Luther hat im Jahre 1523 den Anfang zu unsern deutsch-evangelischen Liedersammlungen gemacht, indem er folgende zwei Lieder auf ein Paar Blätter in Quart drucken liess: „Nun freut euch, lieben Christen gemein" (von ihm selbst) und „Es ist das Heil uns kommen her" von Paul Speratus. Beiden waren die Noten der Melodien hinzugefügt." Zwar hat E. Ranke: „Marburger Gesangbuch" von 1549 (1862). S. XXVIII keinen kritischen Zweifel geäussert (wie Fischer I, 179 angibt); allein niemand kennt jenes Blatt, auch Wackernagel nicht. Wohl aber berichtet Wck Bibl S. 49. CXXVIII. S. 461 von einem offenen Blatt in Folio mit der Endnotiz: 1524 Martinus Luther, das unser Lied enthält. Es befindet sich auf der Heidelberger Bibliothek, Handschriftenband Nr. 793, Blatt 82. Ob aber die Jahreszahl auf den Druck des Blattes oder auf die Abfassung des Liedes sich beziehe, ist nicht ersichtlich.

1) Wck. Bibl. S. 462.
2) Wck. Bibl. S. 463.

Immerhin wird es ungewiss bleiben, ob das Lied: „Nun freut euch, liebe Christen gemein" im Jahre 1523 oder 1524 entstanden sei; die grössere Wahrscheinlichkeit spricht allerdings für 1523.

3. Nach der hymnologischen Tradition, welcher u. A. Fischer I, 9 und Koch: Geschichte des Kirchenlieds und Kirchengesangs u. s. w. 3. Aufl. 1866 ff. (8 Bände) I, 242 folgen, ist auch das Lied: „Ach Gott vom Himmel, sieh darein," eine Bearbeitung des 12. Psalms [1]), im Jahr 1523 entstanden. Irgend einen Beleg dafür habe ich nicht gefunden. Andere, auch Mützell: Geistliche Lieder der Evangel. Kirche aus dem 16. Jahrh. 3 BB. 1855 ff. Bd. 1. S. 25, setzen das Lied in das Jahr 1524, Danneil (Blätter für Hymnologie ed. Fischer 1883. S. 21) hat 1523 oder 1524. Gedruckt ist das Lied zuerst im Achtliederbuch 1524 mit der Ueberschrift: „Der XI. Psalm [2]) Salvū me fac" in sechs siebenzeiligen Strophen: im Erf. Enchiridion 1524 erscheint es mit einer siebenten, doxologischen, Schlussstrophe versehen (so bei Wck. III. S. 6), welche jedoch im Val. Babst'schen G. B. wieder fortgefallen ist (so bei Mützell u. a. O. I, S. 25; ebenso in den späteren Ausgaben von 1558 und 1567 (Nr. XXII Teil 1) aus der Bibl. des Prof. Dr. Wagener).

Für 1523 spricht somit lediglich die Tradition; die geschichtlichen Belege sagen nichts über das Jahr der *Abfassung* aus, sondern nur über das Jahr der *Veröffentlichung*, und als solches nennen sie 1524. Die Möglichkeit bleibt offen, dass es auch 1524 verfasst sei, aber auch die Möglichkeit einer kürzeren oder längeren Zeit vor 1524.

4. Sicherer ist die hymnologische Tradition begründet hinsichtlich der Uebersetzung des 130. Psalms: „Aus tiefer Not schrei ich zu Dir," ein Lied, dem, wie Fischer I, 59 sagt, unter sämtlichen evangelischen Kirchenliedern die Palme gebührt. Auf Grund eines undatierten Briefes von Luther an Spalatin vom Jahre 1524 (de Wette II, 590 ff.), in welchem er seinen Freund ermuntert, einige Psalmen zu Kirchenliedern umzudichten, schreibt er: Nam de profundis (so lautet der Anfang des 130. Psalms in der lateinischen Uebersetzung der Vulgata) a me versus est. Ob nun das Lied 1523 oder im Anfang des Jahres 1524 gedichtet ist, muss dahingestellt bleiben; die Möglichkeit ist auch nicht völlig ausgeschlossen, dass es schon früher gedichtet sei.

Dies Alles gilt jedoch nur für die erste Redaction, in welcher das Lied vierstrophig im Achtliederbuch 1524 erschien; auch das Erf. Enchiridion hat es in dieser Form. Dagegen hat bereits das Walthersche Chorgesangbuch 1524 die unter uns ge-

---

[1]) Es ist zu bemerken, dass nicht zu interpungieren ist: „Ach Gott, vom Himmel sieh darein", sondern: „Ach Gott vom Himmel, sieh darein."

[2]) Luther zählt hier und in anderen Liedern noch nach der lateinischen Bibelübersetzung der Vulgata und der griechischen der LXX., welche den 10. und 11. Psalm des hebräischen Textes als einen Psalm zählen, dagegen den 147. Psalm v. 1 — 11 als 146., v. 12 — 20 als 147. Psalm bezeichnen. Vom 10. bis 147. Psalm ist daher die Numerirung der Vulgata und der LXX. gegen die hebräische Zählung und die der deutschen Lutherbibel um eins zurück.

bräuchlichen *fünf* Strophen, von denen Strophe 1, 4 und 5 (mit Ausnahme der beiden letzten Zeilen der ersten Strophe) mit den Strophen 1, 3 und 4 der ersten Form gleichlautend sind, während Strophe 2 der ersten Form in Strophe 2 und 3 der zweiten Form erweitert erscheint. Die erste Form ist im Einzeldruck bereits im Mai 1524 in Magdeburg feilgeboten (Wck. Mart. Ls Geistl. Lieder 1848 S. 80. Nr. 4.). Die zweite Form gehört ohne Frage dem Jahre 1524 an und hat uns demnach schon in dies Jahr hinübergeführt.

1524.

Wie nach der hymnologischen Tradition das Jahr 1523 als das Geburtsjahr des evangelischen Kirchenliedes bezeichnet wird, so das Jahr 1524 als das unverhältnismässig fruchtbarste für die Kirchenliederdichtung Luthers. Nicht weniger als 21 neue Lieder soll Luther in diesem einen Jahre produziert haben, eine Zahl, die um so ungeheuerlicher erscheint, als das angeblich nächstfruchtbarste Jahr 1523 die Zahl auf 4 Lieder herabsinken lässt, und die ganze übrige Lebenszeit Luthers nicht die Hälfte der Produktionen dieser beiden Jahre darbietet. Von der Voraussetzung der Richtigkeit dieser Tradition aus konnte die Frage nach der Erklärung solcher höchst auffallenden Erscheinung nicht umgangen werden, und es gebührt dem verehrten Senior unserer theologischen Fakultät, Herrn Konsistorialrat Prof. Dr. Ernst Ranke die Ehre, auf psychologischem Wege die sinnigste und feinste Antwort auf jene Frage gegeben zu haben[1]). Ranke weist darauf hin, dass 1523 das deutsche Volk klagend sich an den Papst um Abhülfe der Kirchennot gewendet habe, für Luther der begeisternde Beweis, dass seine Siegesbeute das Eigentum der gesamten deutschen Nation werden würde. „Luthers schönstes Werk weist der Zeit wie der inneren Möglichkeit nach auf sein wichtigstes und grossartigstes zurück; sein deutsches Lied gründet sich auf seine Verdeutschung der heil. Schrift. Im Jahre 1522 hatte er die auf der Wartburg begonnene Uebersetzung des Neuen Testamentes nach dem Grundtext vollendet. Wenn wir sonst gewohnt sind, die Schwierigkeiten zu messen, die bei dieser Arbeit zu überwinden waren, so haben wir hier die Freude zu erwägen, welche ihr Vollzug und ihre Vollendung für ihn in sich geschlossen haben muss. Die Evangelisten und Apostel in der Tiefe ihrer Gedanken und Verkündigungen zu belauschen, für ihre Worte einen deutschen Ausdruck zu finden, das Grundbuch des Glaubens dem Volke zu übergeben und so auf jedem Schritte selbst in der Erkenntnis gefördert, das Gebiet des Erkennens den darnach Verlangenden aufzuschliessen, muss eine selige Freude gewesen sein. Und nun stand er 1523 an der Uebertragung des Alten Testaments, an der Verdeutschung jener erzählenden und preisenden Urkunden, deren heilige Verfasser nicht müde werden auszurufen: „Ich will dem Herrn singen,

---

[1]) Marburger Gesangbuch von 1549. Erste Ausg. 1862, S. XVI ff. Eine zweite Ausgabe ohne Kommentar, aber das alte Gesangbuch im Facsimile—Druck trefflich reproduzierend, ist 1879 (Marburg bei Elwert) erschienen.

denn er hat eine grosse That gethan! — Ich danke dem Herrn von ganzem Herzen, im Rat den Frommen und der Gemeinde! — In der Angst rief ich den Herrn an, und der Herr erhörte mich und tröstete mich. — O Herr hilf, o Herr lass wohlge lingen!" Da ergriff ihn der Geist, der in den Psalmisten und Propheten redete, und derselbe Mann, von dem Deutschland bisher nur die dröhnenden Schläge seiner aufweckenden, belehrenden, strafenden, niederwerfenden Rede gehört hatte, liess den lieblichen Laut eines Gesanges vernehmen, der in neuer Art die Gnaden und Wunder pries, von denen die Schrift berichtet, und die Erfahrungen kund gab, die mit ihrer Annahme und Betrachtung verknüpft sind." Koch a. a. O. I. 237 u. A. hat die sinnige Auffassung und Erklärung Rankes acceptiert. Allein es dürfte doch dagegen zu erwägen sein, dass Luther mit dem Psalter als seinem Lieblingsbuche sich lange Jahre bereits beschäftigt hatte; seit 1513 hielt er Vorlesungen über die Psalmen, 1517 gab er die sieben Busspsalmen, 1518 den 110. Psalm, 1521 den 68. 119. 37. Psalm, 1522 die Psalmen 12. 67. 51. 103. 20. 79. 25. 10 heraus. Die Bearbeitung der prophetischen Bücher Alten Testaments nahm Luther dagegen erst geraume Zeit später in Angriff, wie die zu den einzelnen Büchern bei ihrer Herausgabe geschriebenen Vorreden beweisen, die sämtlich zwischen 1526 und 1532 datiert sind [1]). Auch daran mag erinnert werden, dass Luther in der „Vorrede" zu dem Val. Babst'schen Gesangbuch 1545 ausdrücklich einen andern Grund seines Sanges angiebt und diesen Grund dem Alten Testament direkt gegenüberstellt, wie ihm denn überhaupt das Alte Testament lediglich im Lichte des Neuen Bundes und als geschichtliche und typische Vorstufe desselben religiösen Wert hatte [2]): „Der XCVI. Pſalm ſpricht, Singet dem HERRN ein newes lied, Singet dem HERrn alle Welt. Es war im alten Teſtament vnter dem Geſetz Moſe, der Gottes dienſt faſt ſchwer vnd mühſelig, da ſie ſo viel vnd mancherley Opffer thun muſten, von allem das ſie hatten, beide, zu hauſe vn̄ zu felde, Welchs das volck, ſo da faul vnd geitzig war, gar vngern thet, oder alles vmb zeitlichs genieſſes willen thet. Wie der Prophet Maleachi am j. ſagt, Wer iſt vnter euch der vmbſonſt eine thür zuſchlieſſe, oder ein liecht auff meinem altar anzünde? Wo aber ein ſolch faul vnwillig hertze iſt, da kan gar nichts, oder nichts gutes geſunḡe werden. Frölich vnd luſtig mus hertz vnd mut ſein, wo man ſingen ſol. Darum hat Gott, ſolchen faulen vn̄ vnwilligen Gottes dienſt faren laſſen, wie er daſelbſt weiter ſpricht, Jch habe keine luſt zu euch, ſpricht der HERR Zebaoth, vnd ewer ſpeisopffer gefallen mir nicht vō ewren henden, Deñ vom auffgang der Sonnen bis zu ihrem nidergang, iſt mein Name herrlich vnter den heiden, Vnd an allen orten wird meinem Namen reuchwerck geopffert, vn̄ ein rein ſpeisopffer, Denn gros iſt mein Name vnter den heiden, ſpricht der HERR Zebaoth.

Alſo iſt nu im newen Teſtament ein beſſer Gotts dienſt, dauon hie der Pſalm ſagt, Singet dem HERRN ein newes lied, Singet dem HERRN alle welt. Denn Gott hat vnſer hertz vn̄ mut frölich gemacht, durch ſeinen lieben Son, welchēn er für vns gegeben hat zur

---

[1]) Erl. Frkf. Ausg. 63, 42 ff.
[2]) In der Ausg. von Luthers Geistlichen Liedern von Wackernagel 1848, S. XV ff. der Vorreden Luthers zu den von ihm herausgegebenen geistlichen Gesangbüchern; ebenso in den Ausgaben des Babst'schen Gesangbuches 1565 und 1567 aus der Wagener'schen Bibliothek; Wck. Bibl. S. 563 ff.

erlöſung von ſunden, tod vnd Teuffel. Wer ſolches mit ernſt glaubet, der kann nicht laſſen, er muß frölich vnd mit luſt dauon ſingen vnd ſagen, das es andere auch hören vnd herzu komen. Wer aber nicht dauon ſingen vñ ſagen wil, das iſt ein zeichen, das ers nicht glaubet, vñ nicht ins new frölich Teſtament, Sondern vnter das alte, faule, vnluſtige Teſtament gehöret."
Die Aufgabe wird jedoch sein, nicht so sehr die besten Argumente für jene Tradition zu beleuchten, sondern die Tradition selbst auf ihren Grund oder Ungrund zu untersuchen. Dazu ist's nötig, die einzelnen Lieder des Genaueren anzusehen und die geschichtlichen Zeugnisse ihrer Abfassungszeit zu prüfen. Wir halten die Reihenfolge inne, wie sie durch das Erf. Enchiridion zum schwarzen Horn ed. Reinthaler und durch das Walther'sche Chorgesangbuch an die Hand gegeben wird.

5. Der Anfang sei jedoch mit einem Liede ausser der Reihe gemacht, mit der dichterischen Bearbeitung des 14. Psalms: Es spricht der Unweisen Mund wohl, sechs siebenzeilige Strophen. Das Lied findet sich zuerst im Achtliederbuch, dann in dem Erfurter Enchiridion mit der Ueberschrift: Der. xliij. pſalm. Dixit Inſipiens in cor. | auff dem Thon. Saluum me fac. — Somit ist das Lied allerdings 1524 gedruckt, über die Zeit seiner Abfassung fehlt uns jede Spur.

6. Das Erfurter Enchiridion beginnt mit der zum Unterschied von einer andern später zu besprechenden „kurzen" Form das „lange" Lied genannten Versifikation der zehn Gebote: „Dyß ſind die heyligen zehn gebott" in zwölf vierzeiligen Strophen, deren jede mit Kyrioleis schliesst, mit der Ueberschrift: Folget zcum erſten die zehenn gebot | Gottes auff den thon, Jn Gottes | namen farenn wyr. Wck. II., Nr. 1126 bis 1135 teilt von unbekannten Verfassern aus dem 15. und 16. Jahrhundert zehn Bearbeitungen desselben Gegenstandes mit[1]), von denen Nr. 1130 und Nr. 1131 in der *ersten* Zeile mit Luthers Lied übereinstimmen. Die Notiz unter Nr. 1133 lautet: Psaltes ecclesiasticus, durch Georgium Vuicelium. Mainz 1550. 4°. Blatt 105 f. Die einleitenden Worte: Die kleine Litany, genent die Creutzwochen. Unſere lieben Vorfaren ſungen in dieſer | Bittfart vnter anderen dieſe geſenge. Erſtlich die zehen Gebot Gottes. Die Abfassungszeit des Lutherliedes, das keineswegs zu seinen schönsten gehört, ist völlig unbekannt.

7. Der Lobgſang, Mitten wyr im leben", also jenes Lied Luthers: „Mitten wir im Leben sind Mit dem Tod umfangen", das erschütternde, mächtige Sterbelied, das seines Gleichen nicht hat, und das auch in der Form, in dem ungemein wirkungsvollen Wechsel der Trochäen, Jamben und Daktylen, höchst bedeutsam ist. Der Ursprung des Liedes ist in der Antiphone de morte von Notker Balbulus, der Ältere genannt (or. 850—912), zum Unterschied von Notker Labeo, dem jüngeren, dem St.

---

[1]) Vgl. auch Hoffmann von Fallersleben: Geschichte des deutschen Kirchenliedes bis auf Luthers Zeit. 2. Ausg. 1854. S. 222 ff. — Franz M. Böhme: Altdeutsches Liederbuch 1877 S. 677 ff. 729 ff. —

Galler Mönche des 11. Jahrhundert. Diese Antiphone lautet nach Wck. I., Nr. 141 S. 94 (dort die Quelle):

    Media vita in morte sumus.
    Quem quaerimus adjutorem
    Nisi te, domine?
    Qui pro peccatis nostris
    Jure irasceris.
    Sancte deus, sancte fortis,
    Sancte et misericors salvator:
    Amarae morti ne tradas nos.

Der Schluss dieser Antiphone ist nach Fischer II., 92 von sehr hohem Alter und gehört dem morgenländischen Kirchengesange des 5. Jahrhunderts an. Wck. II. S. 749 ff. Nr. 991—999 teilt neun Uebersetzungen dieser Antiphone mit, teilweise aus dem 15. Jahrhundert[1]). Es ist sehr wahrscheinlich, dass Luther solche Uebersetzungen gekannt hat; ihre holperige Weise hat Luther in schönen, leichtflüssigen Versbau verwandelt; die erste Strophe seiner Uebersetzung ist nach Wck. II., Nr. 993 in die römisch-katholischen Gesangbücher des Michael Vehe 1537 und des Johann Leisentrit 1567 aufgenommen worden, auch späterhin (vgl. Nr. 994 ff.) als gut katholisch requiriert. An den Strophen 2 und 3, in welchen Luther in unvergleichlicher Weise die Antiphone fortführt und vollendet, hat sich unseres Wissens keine fremde Hand vergriffen, obgleich Vehe und Leisentrit nach Luthers Muster der Uebersetzung der·Strophe Notkers zwei Strophen angefügt haben.

Die Veröffentlichung des Liedes Luthers steht für das Jahr 1524 fest, die Abfassungszeit ist unbekannt.

8. „Der gsang, Gott sey gelobet." Es ist das Abendmahlslied Luthers: „Gott sei gelobet und gebenedeiet", drei achtzeilige Strophen, am Ende jeder Strophenhälfte: Kyrieleyson.

Vor Luther ist das Lied in Drucken oder Handschriften nicht nachweisbar. Doch ist es Luther selbst, der uns darauf verweiset, dass ein Frohnleichnamslied existierte, welches wenigstens die erste Strophe in der Form Luthers hatte[2]), aber mit mancherlei Zusätzen versehen war, die Luther für den evangelischen Gottesdienst nicht gebrauchen konnte. In der Formula missae et communionis pro ecclesia Vuittembergensi 1523 schreibt Luther[3]): Cantica velim etiam nobis esse vernacula quam plurima, quae populus sub Missa cantaret, vel juxta Gradualia, item juxta Sanctus et Agnus Dei . . . . . Sed poetae nobis desunt, aut nondum cogniti sunt, qui pias et spirituales cantilenas (ut Paulus vocat) nobis concinnent, quae dignae sint in ecclesia Dei frequentari. Interim placet illam cantari post communionem: Gott sey gelobet und gebenedeiet,

---
[1]) Vgl. auch Hoffmann v. Fallersleben a. a. O. S. 324 ff.
[2]) Hoffmann v. Fallersleben a. s. O. S. 206 Anm. 66: „Ursprünglich mag dies Lied wol nur aus dieser einen Strophe bestanden haben ; Ich möchte jedoch nicht für einen Zusatz nach dem Jahre 1533 die übrigen Strophen erklären, welche in alten kath. Gesangbüchern auf jene erste folgen" . . . . .
[3]) Opp. lat. var. argum. (Ed. Erl. Frkf.) Tom. VII. p. 18 sqq.

der uns selber hat gespeiset etc. Omissa ista particula: Bnb bas heylige Sacramente, an unserm letzten enbe, aus bes geweyeten priesters henbe¹), quae adjecta est ab aliquo d. Barbarae cultore, qui sacramentum tota vita parvi ducens in morte hoc opere bono speravit vitam sine fide ingredi. Nam et numeri et musicae ratio illam superfluam probant. —

Ferner schreibt Luther in der Schrift: Von der Winkelmesse und Pfaffenweihe. Anno 1533²): „Die Kirche ober gemeine Christen, so beider Gestalt nicht haben können empfahen, sind wohl zu entschüldigen, als die betrogen und verführet sind durch den Endchrist, und haben ihnen eine Gestalt allein lassen geben. Denn es ist gleichwohl der Glaube fest und rein blieben in der Kirchen, daß Christus im Sacrament eingesetzt und befohlen habe, seinen Leib und Blut zu empfahen allen Christen, wie das alles viel Lieder und Reimen überzeugen, sonderlich das gemeine Lied: Gott sei gelobet und gebenedeiet, der uns selber hat gespeiset mit seinem Fleische und mit seinem Blute. Und darnach: Herr durch deinen heiligen wahr Leichnam, der von deiner Mutter Maria kam, und das heilige Blut hilf uns, Herr, aus aller Noth ꝛc. Mit diesem und dergleichen Liedern, so man beim Sacrament, ja in Profession und Kirchen gesungen, hat die Kirche öffentlich Zeter und Mördio über den Endechrist und räubische Winkelpfaffen geschrien, denn sie ihren Glauben hiemit öffentlich bekennet, daß ihr Christus beide seinen Leib und Blut zur Speise geordnet und gegeben habe, und gebühre ihr nach Christus Befehl zu empfahen, wie sie gläubet, bekennet, und herzlich begehrt in diesem Liebe."

Auch von diesem Liede gilt es, dass seine Veröffentlichung ins Jahr 1524 fällt, die Zeit der Abfassung jedoch unbekannt ist; auch die allegierte Stelle aus der Form. missae 1523 scheint mir keinerlei Anhaltspunkt für die Annahme zu gewähren, dass Luther damals noch nicht das Lied gedichtet habe, da wir ganz ähnlichen Aeusserungen noch weit später begegnen.

9. „Eyn deutsch Hymnus ober Lobgsang." So die Ueberschrift³) des Weihnachtsliedes: Gelobett seystu Jhesu Christ, das du mensch geboren bist, sieben vierzeilige Strophen, jede abschliessend mit Kyrioleys. Dass die erste Strophe eine ältere Weihnachtssequenz sei, die von Luther übernommen und durch sechs weitere Strophen zu jenem lieblichen Weihnachtsgesang ausgebaut sei, ist zwar schon lange bekannt; aber die Belege reichten nicht weiter zurück, als bis zum Ordinarium inclitae ecclesiae Swerinensis 1519, in welchem es bei dem Officium am Christfeste heisst: Populus vero Canticum vulgare: Gelavet systu Jesu Christ, tribus vicibus subjunget⁴). Im Jahre 1881 hat jedoch H.

¹) Dieser Zusatz findet sich zuerst wieder in Corners (kath.) Gesangbuch 1625 und Nachtigall 1449 (Hoffm. v. F. a. a. O. S. 205). Weitere Zusätze und Ausführungen bei Mich. Vehe 1537 und Leisentrit 1567 u. s. w. (Hoffm v. F. a. a. O. S. 207 ff.)

²) Erl. Frkf. Ausg. 31, 305 ff. 346 ff.

³) Darnach ist Fischer I., 209 zu korrigieren. Wck. selbst (III., S. 9), auf den F. sich beruft, giebt an, dass die Ueberschrift: „Ein lobgsang von der geburt Christi" erst von 1531 an sich finde; das Erf. Enchir. hat die Ueberschrift, wie wir sie im Texte geben.

⁴) Hoffm. v. F. a. a. O. S. 194, nach Rambach: Ueber Dr. Martin Luthers Verdienst u. s. w. 1813, S. 123. Wck. II., S. 703 Nr. 910 nennt jenes Ordinarium das einzige unmittelbare Zeugnis dafür, dass dieselbe (Strophe) schon vor dem Aufkommen des luther. Kirchengesanges vorhanden gewesen sei. Ebenso Böhme a. a. O. S. 616 ff.

Jellinghaus in der Abhandlung: „Aus Kopenhagener Handschriften" (Jahrbuch des Vereins für niederdeutsche Sprachforschung) aus den Mnscr. Thottiana in 8º Nr. 130, Codex chartaceus, etwa 250 Blätter, welcher wahrscheinlich aus dem Jahre 1370 stammt, einige Weihnachts- und Osterlieder-Strophen mitgeteilt. Hier heisst es 1. Bl. 17:

Hinc oportet ut canamus cum angelis septem gloria in excelsis:
Louet sistu ihū crist,
dat du hute gheharen bist
van eyner maghet. Dat is war.
Des vrow sik alde hemmelsche schar. Kyr.[1])

Dass nur die erste Strophe vorlutherischen Ursprungs ist, geht daraus hervor, dass Georg Witzel: Psaltes ecclesiasticus 1550 Bl 56ᵃ nur sie kennt, als welche „unfere **ülten jungen**". Die Erweiterungen in den katholischen Gesangbüchern von Vehe und Leisentrit rühren höchst wahrscheinlich von nachlutherischen und antilutherischen Verfassern her; bereits das Münchener kath. Gesangbuch von 1584[2]) hat Luthers Lied so schön gefunden, dass es dasselbe ohne Aenderung aufnahm und nur noch zwei Strophen hinzufügte, auf dass es nicht unverderbt bliebe. Uebrigens hat Fischer (I, 209) recht mit seiner Bemerkung, dass die erste Strophe keineswegs, wie oft angenommen, eine Bearbeitung der Weihnachtssequenz Grates nunc omnes reddamus sei, sondern vielmehr Anklänge biete an den Hymnus des Fortunatus: Quem terra pontus aethera. — Wck. L S. 63, Nr. 81: In festo assumptionis Mariae hymnus ad vesperas.

Das Lied erschien auch separat unter der Ueberschrift: „Ein Deütsch hymnus oder lobsang auff Weyhenacht". Ein offenes Blatt in klein Folio. Am Schluss: Wittenberg. „Doch ist," fügt Wck.: Bibl. S. 57 CLIV hinzu, „der Druckort wohl *Nürnberg*." Es findet sich in der öffentl. Bibliothek zu Berlin, Libr. impr. rar. fol. 117.

Fast könnte es scheinen, als ob dies Flugblatt für die Abfassung des Jahres 1524 spräche, da Wck. es unter diesem Jahre anführt. Allein 1) ist mir nicht ersichtlich, ob die Jahreszahl auf dem Flugblatte steht, oder eine Vermutung Wck.s ist. 2) Sollte die Meinung Wck.s richtig sein, dass nicht Wittenberg, sondern *Nürnberg* der Druckort sei, so ist die Abfassungszeit des Liedes völlig ungewiss, da, falls das Blatt *vor* dem Enchiridion gedruckt ist, die Wahrscheinlichkeit nicht zu umgehen sein dürfte, dass das Lied ziemlich geraume Zeit vor 1524 bereits gedichtet sei; ist das Blatt *nach* dem Enchiridion gedruckt, so ist das Lied mit dem Enchiridion nach Nürnberg gekommen und aus demselben besonders abgedruckt; in diesem Falle würde die Abfassungszeit ebenso ungewiss sein.

10. „Das lieb S. Johannes Hus gebesfert"; die erste der zehn Strophen lautet:

Jhesus Christus vnser heyland,
der von vns denn Gottes zornn wanndb,

---

[1]) Blätter für Hymnologie ed. Fischer 1883 S. 47.
[2]) Vergl. Hoffm. v. F. S. 195 ff., wonach Fischer I. S. 209 zu vervollständigen.

burch bas bytter leyben fein,
half er vns auß ber helle peyn.

„Durch diese Ueberschrift wird Johannes Hus unter die „Heiligen" versetzt", bemerkt Fischer I., 386; Hus wird aber wohl schon zu seinen Lebzeiten zu den „Heiligen" (1. Cor. 1, 2; 2. Cor. 1, 1) gehört haben. Es existiert ein lateinisches Lied des Hus: Jhesus christus, nostra salus, Quod reclamat omnis malus, Nobis in sui memoriam dedit in panis hostiam, ebenfalls in zehn vierzeiligen Strophen¹). Das lateinische Original weicht so sehr von dem Lutherliede ab, dass dieses keinesfalls eine Uebersetzung jenes genannt werden kann. Uebrigens bleibt ungewiss, ob dem Liede Luthers jenes latein. Lied zu Grunde gelegen habe, ob dieses überhaupt Original oder nur lat. Uebersetzung eines böhmischen Originals sei, ob dies böhmische Original vielleicht nicht schon eine deutsche Uebersetzung vor Luther erfahren habe, die dann von Luther „gebessert" sei. Wck. Bibl. S. 57 CLV beschreibt einen Separatdruck in einem offenen Blatte in klein Folio (Öffentl. Bibl. zu Berlin, Libr. impr. rar. fol. 117), den er ins Jahr 1524 setzt. Aus welchen Gründen, ist nicht ersichtlich Die Abfassungszeit des Liedes scheint weit vor 1524 zu liegen; die allerdings an gewissen derben volkstümlichen Wendungen reiche, aber auch ausserordentlich ungelenke Form weist dem Liede wohl den Platz unter den ersten dichterischen Versuchen Luthers an. Wie Stier „Gesangbuchsnot" S. 148 es „einen Schatz der Kirche für immer" nennen kann, ist nicht ganz fasslich.

11. „Hyr nach folgenn etliche | Pfalmen, Unnb zum erſten ber. CXXVII. | Pfalm, Beati ons qui timent bům, | im nehſten Thon S. Johannis | Huſs." Es ist das Lied Luthers über den 128. Psalm: Wol dem ber inn Gottes forcht ſteht, vnnb ber auff ſeynem weg geht, Deynn eygen hanndt bich nehrenn ſol, ſo lebſtu recht vnnb gehſt byr woll. Das Lied besteht aus fünf vierzeiligen Strophen. Abfassungszeit ganz unbekannt.

12. „Der lvi. Pſalm. Deus misereatur." Das schöne Lied über den 67. Psalm: „Es wolt vns Got genebig ſein, vnb ſeinen ſegen geben", drei neunzeilige Strophen. Wck. III., S. 8 Nr. 7 hat die Notiz: „Vielleicht fällt die Schrift Ein weyſe Chriſtlich Meſs zu halten x. Mart. Luther. Wuittemberg M.D.rriiij, hinter welcher das Lied abgedruckt ist, noch früher" (sc. als das Erf. Ench.). Es ist ein Irrtum Fischers I., S. 189, den er in dem während des Druckes dieses Programms erschienenen Prachtwerk: Martin Luthers Geistl. Lieder S. 12 wiederholt, dass er aus dieser Notiz entnimmt, die angeführte Schrift sei eine Schrift Luthers; Wck. hatte bereits in der Bibl. S. 50 CXXXII (welche Stelle Fischer auch anführt) und S. 465 das richtige Verhältnis bemerkt. Lutheri opera lat. var. arg. (Ed. Erl. Frkf.) VII., pag. 1 berichtet darüber ausführlich: „Anno 1523 bis editus est hic liber (scil. formula missae et communionis pro ecclesia Vuittembergensi) tam forma quarta, quam octava, et anno sequente *Paulus Speratus eum in germanicum transtulit sermonem* suisque quondam auditoribus Iglaviensibus in Moravia Luthero auctore dedicatum (cf. Walchii introd. in T. X. Opp. Luth. p. 137) sub hac

---
¹) Wck. I., S. 214 Nr. 167 aus den März od. germ. 716, XV. saec. Bl. 177.

inscriptione in lucem edidit: **Eyn weyse Chriſtlich Meſſ zu halten vnd zum tiſch Gottes zu gehen. Martinus Luther. Wittemberg** MDXXIV. Ob nun, wie Wck. vermutet, die Uebersetzung des Speratus früher oder ob sie später als das Erf. Ench. erschienen sei, ist für die Abfassungszeit irrelevant; in dem einen wie in dem andern Falle bleibt sie unbestimmbar. Im Einzeldruck ist das Lied schon im Mai 1524 in Magdeburg feilgeboten (Wck. Mart. Luth.s Geistl. Lieder 1848 S. 80. Nr. 4.). —

13. „**Das lyeb Chriſt iſt erſtandn̄. Gebeſſert.**" Es ist das Osterlied.: **Chriſt lag in todtes banbenn, fur vnnſer ſunb gegeben. Der iſt wiber erſtauben, vn̄ hat vns bracht das leben, Des wir ſollenn frölich ſein. Got loben vnb banckbar ſein vn̄ ſingen, Alle[luia].** Sieben siebenzeilige Strophen. Eine eigentümliche Mischung von plastischer Poesie und Derbheit bis zur Geschmacklosigkeit. Die vierte Strophe beginnt: **Es war ein wunder- lich krpeg, da tobt vnb leben rungenn, Das leben behyelt benn ſieg, es hat ben tobt ver- ſchlungen.** Die Anfangszeilen der fünften Strophe lauten: **Hye iſt das recht Oſterlam, bauonn Gott hatt gebotten. Das iſt an bes Creutzes ſtam, in heyſſer lieb gebroten.** Anklänge sind es nur, die an den alten Ostersang: Christ ist erstanden Von der Marter alle erinnern; die vierte Strophe ist augenscheinlich in Reminiszenz an die Ostersequenz des 12. Jahrhunderts: Victimae paschali laudes immolent christiani (Wck. 1, S. 130 Nr. 199) gedichtet, in deren dritter Strophe es heisst: Mors et vita duello Conflixere mirando, Dux vitae mortuus Regnat vivus. Ob ein deutscher Ostergesang Luther vorlag, worauf das „Gebessert" der Ueberschrift doutet?
Abfassungszeit unbekannt.

14. „**Eyn Lobgeſang auff das Oſterfeſt**", drei (nicht *acht*; so Fischer I, 386) vier- zeilige Strophen, alle schliessend mit Kyrioleyson: **Jheſus Chriſt vnnſer Heylanb, ber benn tobt vberwanbt, Jſt aufferſtanbenn, bie ſunb hat er gefangen, Kyrioleyſon.**
Abfassungszeit unbestimmbar.

15. „**Folgen bie Hymnus, Und zu bem Erſten, Ueni creator ſpiritus.**" Sieben vierzeilige Strophen, deren erste lautet: **Kom Gott ſchepffer heyliger geyſt, beſuch das hertz ber menſchenn bein, Mit gnaben ſie full wie bu weiſt, bj bein geſchepff vorhin ſein.** Es ist eine allzu wortgetreue Uebersetzung des Gregor dem Grossen zugeschriebenen Hymnus In die pentecoste (Wck. I, S. 75 Nr. 104), so wortgetreu, dass die erste Strophe der Uebersetzung ohne das Original unverständlich bleibt: Voni, creator spi- ritus, Mentes tuorum visita, Imple superna gratia, quae tu creasti, pectora.
Abfassungszeit unbekannt.

16. „**Folget ber geſang Veni ſancte ſpiritus Den man ſingt von bem heyligen geyſt, Gar nutzlich vnb gutt.**" Es ist das bekannte kraftvolle Pfingstlied: **Kom heyliger geyſt herre got, erful mit beiner gnaben gut** u. s. w., drei achtzeilige Strophen, deren jede mit doppeltem Alleluia schliesst.

Es ist die poetische Bearbeitung der dem 14. Jahrhundert angehörenden Antiphonia in vigilia pentecostes: Veni sancte spiritus, reple tuorum corda fidelium etc. (Wck. I, S. 177 Nr. 281). Die erste Strophe des Lutherliedes fand sich bereits aus dem 15. Jahrhundert vor; Wck. II, S. 748 teilt aus dem Münchener cod. germ. 6034. saec. XV. Blatt 90, dem Münchener cod. germ. 716. saec. XV. Blatt 177ᵇ und aus „Das Plenarium ober Evangely burch Basel 1514" unter Nr. 986 u. 987 drei Rezensionen dieser Strophe mit. Die beiden letzten Strophen sind von Luther verfasst, unbestimmt wann.

17. „Hymnus Veni rebemptor gentium", acht vierzeilige Strophen, deren erste lautet: Nu kom der Heyden heyland, der jüdfrawen kindt erkandt. Das sich wunder alle weltt, got solch geburt ym gefellt¹). Es ist eine wiederum nur allzugetreue, daher auch sehr misslungene Uebersetzung des Hymnus In nativitate domini des Ambrosius (Wck. I, S. 16 Nr. 12.). Abfassungszeit nicht zu bestimmen.

18. „Der Hymnus, A solis ortu", ebenfalls ein Weihnachtslied oder Adventslied: Christum wyr sollen loben schon, acht vierzeilige Strophen, eine durch eine doxologische Strophe vermehrte Uebersetzung der sieben ersten Strophen des hymnus acrostichis, totam vitam Christi continens des Caelius Sedulius (5. Jahrh.), welche schon früh als hymnus in nativitate domini ad laudes als ein für sich bestehendes Lied von dem ursprünglichen Ganzen abgelöst wurden (Wck. I, S. 45 ff. Nr. 48 ff.). Uebersetzungen des Hymnus existierten schon früher. Wck. II, S. 430 Nr. 562 (Fischer hat unrichtige Angaben) teilt „Zw Weynachten, der hymnus A solis ortus" des Hermann oder Johannes, Mönchs von Salzburg (Ende des 14. Jahrh.?), mit: „Von anegang der sunne klar bis an ein ende der welbe gar Wir loben den süessen Jhesum chrift, der von der maib geporen ist", sieben vierzeilige Strophen. Heinrich von Loufenberg († 1459) hat in acht vierzeiligen Strophen ebenfalls sich an der Verdeutschung des Hymnus versucht in seinem Gedicht: „Herr von der sunne vfegang vnt zu der erden vmbevang Christum den fürsten dankend fer den geboren hat maria her." (Wck. II, S. 580 Nr. 756). Uebrigens macht Fischer I, 77 darauf aufmerksam, dass in Luthers Lied sich auch mehrere Anklänge an den Hymnus des 14. Jahrhunderts, den Wck. I, S. 203 Nr. 323 mitteilt, finden: In natali domini Casti gaudent angeli, Lueta cantant agmina Jam deo sit gloria etc.

Die Entstehungszeit dieses Liedes ist nicht zu bestimmen.

Zu diesen Liedern Luthers, die im Achtliederbuche und im Erfurter Enchiridion 1524 veröffentlicht sind, kommen für dasselbe Jahr noch die sechs Lieder hinzu, welche Luther selbst in seinem und Joh. Walther's „Geystlichen gesangk Buchlein. Tenor." — das sogen. Walther'sche Chorgesangbuch — zum Drucke besorgt hat. Bei früherer Gelegenheit schon ist bemerkt, dass das im Achtliederbuch und im Erf. Enchir. vierstrophig vorliegende Lied über Ps. 130: „Aus tiefer Not schrei ich zu Dir" im Walther'schen Chorgesangbuch durch das bekannte fünfstrophige Lied ersetzt worden ist,

---

¹) Val. Babst 1545 hat: „ihm bestellt." —

19. „**Das beubsche Patrem**" — so die aber erst in dem Gesangbuch: **Geistliche lieder auffs new gebessert zu Wittemberg 1531** sich findende Ueberschrift des versifizierten Credo oder Symb. apostol.: „**Wyr glauben all an eynen Gott, schepffer hymels vnd der erben**" u. s. w. drei zehnzeilige Strophen. In dem Walther'schen Chorgesangbuch hat es die Nr. XXXV. Hoffm. v. Fall. a. a. O. S. 259 teilt aus dem Anfange des 15. Jahrh. von Nicolaus von Kosel eine Nachbildung der beiden ersten Artikel mit; den entstellten Text Hoffmanns hat Wck II, S. 509 Nr. 664 verbessert und unter Nr. 665 noch zwei Nachbildungen aus dem 14. oder Anfang des 15., und aus dem 16. Jahrh. hinzugefügt.

Auch von diesem Liede ist die Abfassungszeit nicht zu ermitteln.

20. „**Gott ber vater won vns bey vnd las vns nicht verterben**" u. s. w. (Walther's Chorgesangbuch Nr. XXXIV), drei vierzehnzeilige Strophen; die zweite und dritte Strophe ist mit der ersten gleichlautend, nur dass in den Anfangszeilen steht: „**Jhesus Christus won vns bey**" und „**Heylig geyst ber won vns bey**"[1]). Dass dieses Lied schon vor Luthers Zeit bekannt gewesen, lässt sich aus der Ueberschrift schliessen, mit welchem es in einem angeblich zu Wittenberg, eigentlich aber zu Erfurt im Jahre 1525 gedruckten Gesangbuche, desgleichen in einem anderen Erfurtischen vom Jahre 1526 vorkommt, wo es heisst: „**Der Lobsang Gott b. B. gebessert und christlich corrigirt.**" (Rambach a. a. O. S. 121). Wck. II, S. 517 Nr. 684 giebt eine an Sanctus petrus gerichtete Variante aus dem Jahr 1422. Luthers Lied hat den alten Sang *gebessert*, ob auch die Verbesserungen nicht weitgreifend sind. Das älteste katholische Gesangbuch von Mich. Vehe 1537 giebt das Lied in 15 Strophen, die bis auf die Anfangszeilen, in welchen Maria Gottes Mutter, die heiligen Engel, die heiligen Patriarchen, Propheten, Apostel u. s. w. angeredet werden, ganz gleichlautend sind, mit der Ueberschrift: „**Ein Letaney zur zyt ber Bitfarten uff ben tag Marci [25. April], vnb in ber Creutzwochen.**" Gegen die Annahme Hoffmann v. Fall. a. a. O. S. 209 und Wck. II, S. 519 Nr. 687, dass Vohe den vorlutherischen Text gebe, scheint mir Dr. Ebeling (s. Anm.) das Richtige zu haben, dass Vehe und das Beuttner'sche Gesangbuch von 1660 offenbar durch das Luther'sche Lied beeinflusst sind, dem sie sich, soweit dies einem römischen Liede möglich ist, anschliessen.

Auch dieses Liedes Entstehungszeit ist nicht näher zu bestimmen.

21. „**Der Lobgesang, Nu bitten wir ben heiligen Geist**" im Walther'schen Chorgesangbuch Nr. I, die Ueberschrift aus dem Gesangbuch von 1531, vier vierzeilige Strophen. Dem Liede liegt die aus dem 12. Jahrh. stammende vierstrophige Pfingst-

---

[1]) In den Blättern für Hymnologie ed. Fischer 1883 S. 5 ff. hat Dr. Ebeling in Celle unter der Ueberschrift: „Vokativ, nicht Nominativ" einen Aufsatz veröffentlicht, worin er nachzuweisen sucht, dass die Anfänge der Strophen: Gott der Vater, Jesus Christus, Heilig Geist als Vokativ zu fassen sind, also nicht als Wunsch, sondern als Bitte. Die Möglichkeit dieser Auffassung für die beiden ersten Strophen scheint mir erwiesen; allein die ursprüngliche Lesart der dritten Strophe: „**Heylig geyst ber won vns bey**" spottet aller Bemühung, diese Anrede als Vokativ zu fassen.

leise zu Grunde, die mit der ersten Strophe Luthers identisch ist. In der Predigt Bertholds von Regensburg († 1272): „Von briu lagen" wird sie zweimal mit hohem Lobe angeführt (Wck. II, S. 44 Nr. 43, besonders Franz M. Böhme: Altdeutsches Liederbuch S. 675 ff.) und der Psaltes ecclesiasticus v. Witzel 1550 fol. 112 führt sie an mit dem Vermerk: „Hier singt die gantze Kirch." Aus der Bemerkung Luthers in der Form. missae et communionis 1523 [1]): Praeter hanc (scil. Gott sey gelobet vnd gebenedeiet) illa valet: Nu bitten wir den heiligen Geist; item: Ein Kinbelein so lobelich. Nam non multas inveniam, quae aliquid gravis spiritus sapiant. Haec dico, ut, si qui sunt poetae Germanici, exstimulentur et nobis poemata pietatis cudant — scheint hervorzugehen, dass Luther bei Abfassung dieser Schrift jene Pfingstleise zu seinem Liede noch nicht erweitert hatte, dass somit die Entstehungszeit zwischen Abfassung der Form. missae und der Herausgabe des Walther'schen Chorgesangbuches anzusetzen ist. Mehr als eine Möglichkeit ist dies bei der bekannten bescheidenen Zurückhaltung Luthers inbetreff seiner Poesieen jedoch nicht.

22. Von dem Liede: „Wer Gott nicht mit vns diese zeyt" in Walther's Chorgesangbuch Nr. XXVIII, in dem Gesangbuch 1531 mit der Ueberschrift versehen: „Der Crxiiij. Psalm, Nisi quia bominus etc.", drei siebenzeilige Strophen, wissen wir nur, dass es 1524 zuerst gedruckt wurde. Justus Jonas hat denselben Psalm in seinem Liede: Wo Gott der Herr nicht bei uns hält, bearbeitet.

23. Walther's Chorgesangbuch Nr. XIX giebt eine Versifikation der zehn Gebote in fünf vierzeiligen Strophen: „Mensch, wiltu leben seliglich", und das Gesangbuch 1531 fügt die Ueberschrift hinzu: „Die zehen gebot auffs kürtzte." Entstehungszeit unbekannt.

24. Walther's Chorgesangbuch Nr. XXVII: Mit frid vnd freud ich far bo hin ynn Gotts wille, eine Bearbeitung des Lobgesangs Symeons Luc. 2, 29—32 in vier sechszeiligen Strophen. Das Gesangbuch 1531 hat die Ueberschrift: Der Lobgesang Simeonis. Nunc bimittis. Abfassungszeit unbekannt.

Nur für wenige der im Jahr 1524 ans Licht der Oeffentlichkeit getretenen Lieder Luthers liegen somit direkte Zeugnisse vor, welche der hymnologischen Tradition, die sie alle in diesem Jahr oder teilweise 1523 entstehen lässt, Anhaltspunkte gewähren. Sind die indirekten Zeugnisse günstiger? Noch einmal muss Luthers Wort in Form. missae et comm. 1523 (Opp. lat. var. arg. VII, p. 17) zitiert werden: Sed poetae nobis desunt, aut nondum cogniti sunt, qui pias et spirituales cantilenas (ut Paulus dicit) nobis concinnent, quae dignae sint in ecclesia Dei frequentari . . . . Haec dico, ut, si qui sunt poetae Germanici, exstimulentur et nobis poemata pietatis cudant. Ist der Schluss berechtigt: 1523 fehlen noch deutsche Kirchenlieddichter, 1524 tritt Luther mit 24 Liedern auf, also werden diese Lieder in der Zwischenzeit entstanden sein? Wir sind durch gleichzeitige

---

[1]) Opp. lat. (Ed. Erl. Frkf.) var. arg. VII. pag. 17.

Briefe, die Luther an Nic. Hausmann richtete, für den er sein Formula missae schrieb, in der Lage, auf das Genaueste bestimmen zu können, dass erst im November 1523 diese Schrift konzipiert, im Dezember herausgegeben ist[1]). Er klagt also über den Mangel an deutschen Kirchenliederdichtern zu einer Zeit, da er selbst bereits jedenfalls sein unvergleichliches Märtyrerlied: Ein neues Lied wir heben an, wahrscheinlich auch sein herrliches: Nun freut euch, lieben Christen gemein, gesungen hatte. Eine der liebenswürdigsten Seiten an dem grossen Gottesmann ist die Demut, mit welcher er auf seine Dichterkraft blickte, der rührende Mangel an Selbstschätzung, der gerade... nur dadurch kein sittlicher Fehler wird, dass seine hohe Wertung der Psalmenpoesie, dass seine hohe Idee von der Aufgabe echter evangelischer Liederdichtung die eigenen Leistungen verschwinden liess. Andere Zeugnisse mögen dies ergänzen. Am 22. August 1530 schreibt Luther an den Erfurter Humanisten Eoban Hesse bei Uebersendung des 118. Psalmes: Mitto Psalmum meum, optime Eobane, quem promisi, mea saliva maculatum. Nam et tuum accepi cum literis suavissimis, laetus et gratus legi etiam, et relego quotidie. Non postulo neque opto ut placeat tibi meus, ut mihi placet tuus, etiamsi sit idem Psalmus. Nam poetae nolo ullo modo comparari, sicut nec debeo, neque possum . . . . . Ego sum tenuis et sordidulus theologus e splendido et crasso factus sophista. Praeter theologiam istam tenuem et sordidam nihil habeo[2]). Wie ernst es Luther mit solcher Selbstschätzung seiner Dichtergabe war, geht aus dem Briefe an Kaspar von Kokeritz zum Sees vom 28. November 1530 hervor, dem er den 111. Psalm ausgelegt und zugeeignet hat: „Und hatte auch Wille, davon ein sonderlich neu Lied zu machen. Aber weil der heilige Geist, der höchst und beste Poet oder Dichter, zuvoren bereit besser und feiner Lieder (nämlich die lieben Psalmen) gemacht hat, Gott damit zu danken und zu loben, hab ich meine garstige und schnöde Poeterey oder Gedicht lassen fahren, und diesen Psalm, des heiligen Geistes Lied und Gedicht, für mich genomen" u. s. w.[3]) Es bedarf nicht vieler Worte, um die hohe Meinung zu erhärten, welche Luther von der Aufgabe des evangelischen Kirchenliedes hegt; ausser der Epistelpredigt in seiner Kirchenpostille vom fünften Sonntag nach Epiph. über Col. 3, 12 ff. (Erl. Frkf. Ausg. 8, 70 ff. 85) sei nur an die Darlegung in seiner Schrift Wider die himmlischen Propheten 1525 (Erl. Frkf. Ausg 29, 134 ff. 203) erinnert, in der er sich über die deutsche Messe und ihre poetischen Erfordernisse ausspricht. Von solchen Anschauungen getragen, kann es nicht Wunder nehmen, dass Luther in jenem Brief an Spalatin 1524[4]) ihn und Joh. Dolzik auffordert, Psalmen dichterisch zu bearbeiten, und von seinen eigenen Leistungen nur de profundis (Aus tiefer Not) namhaft macht, ohne dass irgend wie daraus geschlossen werden dürfte, dass er bis dahin noch an keinem andern Psalm sein dichterisches Geschick versucht hätte. Denn das Lied: Aus tiefer Not steht so hoch über allen andern Psalmen-Bearbeitungen Luthers, dass es sehr begreiflich ist, wenn diese ihm gar nicht in Betracht kommen. Noch weniger gilt solch ein Schluss betreffs der

---
[1]) vgl. de Wette II. S. 428. 430. 434.
[2]) de Wette IV, S. 137 ff.
[3]) de Wette II, 194 ff. vgl. auch den Brief vom 1. Aug. 1537 an Eoban Hesse de W. V, 74 ff.
[4]) de Wette II, 590 ff.

Uebersetzungen Luthers, die er von alten lateinischen Kirchenliedern angefertigt ha' Wie gering taxiert er solche Uebersetzungen überhaupt! „Es laut nicht ärtig noch recht­schaffen, schreibt er (29, 203). Es muß beide, Text und Noten, Accent, Weise und Geberde aus rechter Muttersprach und Stimme kommen: sonst ists alles ein Nachahmen, wie die Affen thun." Bekanntlich sind auch Luthers Uebersetzungen lateinischer Gesänge die schwächsten aller seiner Dichtungen. Mehrere dieser verfehlten Dichtungen sind 1624 veröffentlicht; sollten wir das Undenkbare denken, dass neben solch klassischen Kirchenliedern wie nun freut euch liebe Christen gemein und Aus tiefer Not schrei ich zu dir Luther in dem­selben Jahre eine Reihe von Poesieen solle geschaffen haben, in welchen sein Genius es nur zu so sehr mattem Flügelschlage bringt? Wir meinen dabei bleiben zu müssen, dass die 24 Lieder Luthers, welche im Jahr 1524 veröffentlicht sind, ihre Entstehung mit Ausnahme von wenigen, über die sich aus positiven Zeugnissen etwas Bestimmteres sagen lässt, *bis* zum Jahre 1524 haben; der terminus a quo liegt vielleicht länger als 10 Jahre zurück. Ohne Luthers Wissen und Willen wurden im Achtliederbuch vier seiner Gedichte veröffentlicht; der grosse und durchschlagende Erfolg ermutigte nicht Luther, sondern einen seiner Freunde, Justus Jonas oder Johann Lange, in dem Erf. Enchiridion vierzehn weitere Lieder von Luther zu veröffentlichen, wahrscheinlich nicht ohne Wissen und Willen des Reformators; erst nach dem Ausgeben dieser Bücher und nachdem seine Bitten an Spalatin und Dolsik ohne Erfolg geblieben waren, wie sie denn auch später keinen Erfolg hatten, fasste Luther das Vertrauen, die Ausgabe eines Gesangbuches selbst in die Hand zu nehmen, aber auch dies nur zusammen mit dem Tondichter Joh. Walther und zu dem besonderen Zweck, wie die Vorrede sagt, „daß bie iugent .... etwas hette, da mit sie der bul lieber vnd fleyschlichen gesenge los werde, vnd an der selben stat, ettwas heyliames lernte, vnd also das guete mit lust, wie den iungen gepürt, eyngienge."

1526.

25. „Das deutsche Sanctus": „Jesaja dem Propheten das geschah", eine sechszehn­zeilige Strophe, Verdeutschung des Sanctus Jesaja 6. Erschien in „Deutsche Messe und Ordnung des Gottesdienstes" 1526 (Erl. Frkf. Ausg. 22, 226 ff. 242).

1529.

26. Wir nennen hier zuerst das Reformationslied Luthers xατ' ἐξοχήν: Ein feste Burg ist unser Gott, vier neunzeilige Strophen, obgleich, wie sofort erhellen wird, die Akten über das Geburtsjahr des Liedes noch keineswegs geschlossen sind.

Die Meinung, Luther habe das Lied 1530 auf der Feste Coburg während des Augsburger Reichstags gedichtet, welche noch Rambach a. a. O. S. 108 ff. als die einzig mögliche behauptet und Wackernagel bis 1855 festgehalten hat, wird jetzt nicht mehr gebegt. „Die bestimmtesten Zeugnisse mehrerer glaubwürdiger Schriftsteller aus dem sechszehnten Jahrhundert und selbst zweier Zeitgenossen Luthers", auf die R. sich beruft, des Hier. Weller, David (nicht Nathan, wie Fischer I, 155 schreibt) Chytraeus, Johann Sleidanus und Nicol. Selnecker, sind von Geffken (die Hamburger Niedersächsischen Gesangbücher. 1857, S. 242 ff.) durch genaue Analyse ihrer Aussagen der Beweiskraft beraubt, welche R. bei ihnen voraussetzte (vgl. Fischer I, 154 ff.). Die Behauptung R.s, dass die auf eine Bemerkung im 8. Teile der Jenaschen Ausgabe von Luthers Werken sich stützende [1]) Annahme, Luther habe 1529 bei Joseph Klug: „Geistliche Lieder und Psalmen durch D. M. L. zusammengebracht", erscheinen lassen, in welchen unser Lied sich finde, ein leerer Irrtum (S. 73), eine leere Chimäre (S. 109) sei, hat sich selbst als Irrtum und Chimäre erwiesen. Dr. Geffken in Hamburg ist es gelungen, des Joachim Slüter ältestes Rostocker G.B. 1531 wieder aufzufinden; in Faksimile-Druck 1858 ist es bei Wiechmann-Kadow in Schwerin erschienen. Es ist die niederdeutsche Uebersetzung eines von Luther herausgegebenen G.Buchs „ane alle toiettinge", welches u. A. die Lieder Luthers Ein feste Burg, Verleih uns Frieden, Herr Gott dich loben wir und die deutsche Litaney enthält (Wck. I, 397 ff. Nr. XL). Von einem von Luther herausgegebenen G.B., das diese Lieder enthalten kann, wissen wir aber (Fischer I, 154; Wck. Bibl. S. 108 ff.) aus dem Jahre 1529, bei Joseph Klug gedruckt; somit ist es höchst wahrscheinlich, dass das Rostocker G.B. die Uebersetzung des Joseph Klug'schen von 1529 ist.

Aber auch anderweitig steht es unbedingt fest, dass das Lied bereits 1529 gedruckt worden ist. Es ist nämlich Wackernagel gelungen, in der Bibliothek des Prof. Greiff in Augsburg ein Buch zu entdecken mit dem Titel: „Form vnd ord | nung Gaystlicher Gesang | vnd Psalmen, auch et- | lich Hymnus, welche | Gott dem Herren | zu lob gesungen | werden. || Auch das Früegebett, an | statt der Bäpstischen | erdichten Meß | zu halten | MDXXIX" [2]). Auf Blatt 9 findet sich unser Lied: Ein feste Burg ist unser Gott. Hiermit ist das in der ganzen Frage einzige feste Datum gegeben, dass das Lied 1529 gedruckt vorliegt. Die Auffindung des Joseph Klug'schen Gesangbuchs 1529 und das Verhältnis desselben zu dem Augsburger G.B. 1529 ist weiterer Untersuchung und Nachforschung anheimzugeben. Die Frage jedoch, ob das Lied im Jahre 1529 auch verfasst sei, ist damit nicht beantwortet. Wck. I, S. 390 §. 10 setzt die Entstehung in den April des genannten Jahres, in die Zeit des Reichstags zu Speier, und Fischer schliesst sich dem anscheinend an, wie denn auch diese Ansicht heute wohl die meisten Vertreter hat. Auf parallele Ausdrücke und Wendungen in anderen gleich-

---

[1]) Wck. Bibl. S. 109 §. 5. — Die Altenburger Ausg. von Luthers Werken 1662, die mir vorliegt, giebt Tom. VIII. Fol. 570 auf das genaueste den Titel an: Geistliche | Lieder uñ Psalmen, durch | Doctor Martin Luther zu- | sammen bracht. | Anno MDXXIX. Eine Randbemerkung weist hin auf den Brief Luthers an Nic. Hausmann vom 3. März 1529 (de Wette III, 426), worin übrigens keine Andeutung von einem Gesangbuch zu finden ist.

[2]) Wck. I, S. 389 ff. XXXII; bes. §. 5.

zeitigen Schriften Luthers, dieses von Manchen beliebte kritische Beweismittel, ist nur dann einiges Gewicht zu legen, wenn die Parallelen spezifisch eigentümliche Wendungen des Liedes betreffen. Für die Hypothese der Abfassung von Ein feste Burg im Jahre 1528 und 1527 ist mit Parallelen reichlich operiert; hier der Beweis, dass sie auch für 1529, unten dass sie auch für 1521 zu gebote stehen.

In dem „Grossen Katechismus" 1529 schreibt Luther S. 29 (Erl. Frkf. Ausg. Bd. 21): „O welch tolle, unsinnige Narren sind wir, daß wir unter solchen mächtigen Feinden, als die Teufel sind, wohnen oder herbergen je müssen, und wöllen dazu unser Waffen und Wehre verachten, und faul sein, dieselbigen anzusehen, oder dran zu denken." S. 112: „Denn wir sind dem Teufel viel zu schwach sampt seiner Macht und Anhang, so sich wider uns legen, daß sie uns wohl künnten mit Füßen zutreten. Darümb müssen wir denken und zu den Waffen greifen, damit die Christen sollen gerüstet sein, wider den Teufel zu bestehen." S. 119: „Solch Gebete soll nu itzt unser Schutz und Wehre sein, die zurückschlagen und niederlegen alles, was der Teufel, Bischoffe, Tyrannen und Ketzer wider unser Evangelium vermügen. Laß sie alle zumal zürnen und ihr Höhistes versuchen, rathschlagen und beschließen, wie sie uns dämpfen und ausrotten wöllen, daß ihr Wille und Rath fortgehe und bestehe (vgl.: „Der Fürst dieser Welt Wie saur er sich stellt", „Und wenn die Welt voll Teufel wär Und wollt uns gar verschlingen"); damiber soll ein Christ oder zween mit diese meinigem Stücke unser Mauer sein, daran sie anlaufen und zu scheitern gehen („So fürchten wir uns nicht so sehr, Es soll uns doch gelingen"). Den Trost und Trotz haben wir, daß des Teufels und aller unser Feinde Willen und Fürnehmen soll und muß untergehen und zunicht werden, wie stolz, sicher und gewaltig sie sich wissen („tut er uns doch nicht, das macht, er ist gericht): denn wo ihr Wille nicht gebrochen und gehindert würde, so künnt sein Reich auf Erden nicht bleiben („das Reich muss uns doch bleiben") noch sein Name geheiligt werden." Ich zweifle nicht, dass diese Parallelen sehr reich könnten vermehrt werden.

Dr. K. Biltz in Berlin hat sich in einem Aufsatz in der Sonntagsbeilage der „Neuen Preuss. Zeitung" vom 2. April 1882 für das Jahr 1528 und zwar für die Zeit der damals drohenden Allianz katholischer Fürsten (das sogen. Packsche Bündnis) entschieden. In den Blättern für Hymnologie ed. Fischer 1883 S. 103 ff. hat Biltz noch einmal seine Auffassung dargelegt. Er fusst auf der Thatsache, dass 1529 das Lied unseres Wissens zuerst gedruckt sei, und sucht aus den gleichzeitigen Briefen Luthers, namentlich vom 31. Dez. 1528[1]) an den Kurfürsten Johann und vom 31. Januar 1529[2]) an Joh. Hess, sowie aus der Gemütslage Luthers in dieser Zeit die Entstehung des Liedes zu erklären und zu erweisen.

In das Jahr 1527 geht Dr. K. F. Th. Schneider, damals Seminar-Direktor in Neuwied, jetzt nicht, wie Fischer I, 155 angiebt, Wirklicher Geh. Rat im Kultusministerium zu Berlin, sondern Provinzial-Schulrat in Schleswig, in seiner Schrift: Dr. Martin Luthers geistliche Lieder 1856 (S. XXXVII ff.) zurück. Er erinnert an den Märtyrertod des Freundes von Luther, Bernhard Käser, am 16. August; sodann

---

[1]) Erl. Frkf. Ausg. 54, 64 ff. 56; de Wette III, 410 ff. 412.
[2]) de Wette III, 420.

an die in Wittenberg grassierende Pest, und glaubt aus den Briefen Luthers an Nic. Amsdorf vom 1. Nov 1527¹), in welchem Anklänge an unser Lied sich finden, den Tag fixiren zu können als den Geburtstag des Lutherliedes, zumal da Luther selbst in diesem Briefe freudig an den zehnjährigen Jahrestag „Indulgentiarum conculcatarum" und an den Tag Aller Heiligen erinnere. — Nachdem Geffken in der Deutschen Zeitschrift für christl. Wissenschaft und christl. Leben, vor Allem aber Wackernagel I, S. XX diese Hypothese streng zurückgewiesen hatten, ist der als gründlichster Kenner von Luthers Schriften bekannte Pastor Dr. theol. Knaake für Schneider eingetreten. Derselbe ist nämlich in den Besitz eines alten Enchiridions gekommen, das unser Lied enthält; es ist leider defekt; jede Angabe an Zeit und Ort fehlt. Aus der Titeleinfassung meint er einen Leipziger Druck zu erkennen, der ein Nachdruck sei des in einem Briefe des Buchdruckers Rhaw vom Februar 1528 erwähnten in Wittenberg von Weysse gedruckten „Sangbüchlein"²). Weil es die Vorrede Luthers von 1524, aber nicht die des Klug'schen Gesangbuches von 1529 enthalte, so müsse es vor diesem gedruckt sein. Obgleich sowohl Köstlin (Luthers Leben 2. Aufl. II, 182) und L. Schulze (Bl. f. Hymn. 1883, S. 75 ff.) sich neuerdings zustimmend für die Schneider-Knaake'sche Hypothese ausgesprochen haben, so scheint mir doch Fischer a. a. O. und Biltz (Bl. f Hymn 1883, S. 103 ff.) nicht im Unrechte zu sein, wenn sie die Kombination allzu kühn und die Begründung der Hypothese allzu konjektural finden.

Endlich ist noch der alten Annahme Erwähnung zu thun, dass das Lied: Ein feste Burg ist unser Gott von Luther zu Oppenheim auf der Reise nach Worms 1521 gedichtet worden sei. Sein Wort an Spalatin: „Wenn so viel Teuffel zu Worms wären, als Ziegel auff den Dächern, noch wollt ich hinein" hat zu dieser Annahme Anlass gegeben, da es sich nahe berührt mit der Strophe: „Und wenn die Welt voll Teufel wär und wollt uns gar verschlingen".

Es wird für die Aeusserung an Spalatin herkömmlicher Weise (auch von Fischer a. a. O. I, 155) die unvollkommene Ausgabe von V. L. v. Seckendorf: De Lutheranismo, Frankfurt und Leipzig 1688 S. 224 zitiert. Die erste vollständige Ausgabe ist jedoch die in 3 Teilen erschienene von 1690. Dort heisst es lib. I, Sect. 39, §. XCIII (pag. 152): Oppenheimii autem ab amicis ipsoque Spalatino³), ne veniret, per literas monitus respondit (quae plurimi memorarunt): „Si tot diaboli Wormatiae essent, quot in domibus lateritiae tegulae, se tamen intrepide eo venturum esse". Narravit haec suis paulo ante obitum Islebiae Tomo I, Alt. f. 734. „Ita Deus", addens, „impavidum reddere potest hominem, nescio an tunc tam fortis essem". — Secken-

---

¹) De Wette III, 216 ff.
²) Vgl. Wck.: Bibl. S. 103 CCLXIV, wo das „Sangbüchlein", keineswegs, wie Biltz (Bl. f. Hymn. S 104 und 105) behauptet, „als etwas völlig in der Luft schwebendes, von keiner Seite irgendwie handgreiflich belegtes Produkt behandelt wird."
³) An Spalatin hatte Luther schon von Frankfurt aus am 14. April 1521 (de Wette I, 585 ff.) das schöne Wort geschrieben: Verum Christus vivit, et intrabimus Wormatiam invitis omnibus portis inferni et potestatibus aeris . . . . . . ne forte infirmes Satanam, quam potius terrere et contemnere propositum est.

dorf beruft sich also als Quelle auf das Tischgespräch Luthers, das er 1546 wenige Tage vor seinem Tode zu Eisleben gehalten; in der Erl. Frkf. Ausg. ist es Bd. 64, 366 ff. mitgeteilt. Ebendeshalb aber sollte Seckendorf nicht mehr als Quelle zitiert werden; die bessere übrigens mit dem Tischgespräch übereinstimmende und neben dem Tischgespräch bereits in der Walch'schen Ausgabe von Luthers Schriften Bd. XV, S. 2174 erwähnte Quelle ist: Georgii Spalatini Annales Reformationis ed. Cyprian 1718; dort heisst es S. 38: „Im Jahr nach Christi geburt 1521 warbt Doctor Martinus Luther durch den Herrn Kayser auf st Kay. Maj. ersten Reichstag zcu Wurmbs erfobert, vnd, wiewol iñ hangenber Citation bem guten Manne seine bucher vom Herrn Kayser zcu Wurmbs verboten vnd verbrant, noch erschyn er gehorsamlich auf zcugeschickt kayserlich Gleit mit solchem Christlichen hohen Mut, das er mir Spalatino aus Oppenheim gen Wurmbs schriebe: Er wolte gin Wurmbs, weñ gleich so uil Teufel brynnen weren, als vmer Zciegel da weren."

Schamelius: Evangelischer Lieder-Commentarius (2. Aufl.: „Und leget solchen . . . von neuem dar") Leipzig 1724 giebt S. 380 (Nr. 195) als Quelle der Annahme, dass Luther in Oppenheim das Lied: Eine feste Burg gedichtet habe, an: Bakius (aus Meriano) Comm. in Ps. 46 fol. 550. —

Es stände sehr misslich mit dieser Hypothese, wenn sie keinen weiteren Grund hätte, als jene briefliche Aeusserung Luthers an Spalatin. Allein dem ist nicht so. Ich mache auf folgendes aufmerksam, was, soweit ich sehe, sämtlichen neueren Hymnologen entgangen ist. Schamelius Lieder-Comm. 1724 giebt als vierten An¹ ing eine: „Kurtzgefassete Historia der Hymnopoeorum," welche er S. 96 mit einer Note schliesst, die seine im Commentar vorgetragene Ansicht, das Lied sei 1529 verfasst, korrigiert: „Herman Tast war erst unter den 24 Vicariis zu Husum in Holstein. Als dieser den Lutherum gelesen hatte, sieng er an die Wahrheit zu lehren und zu predigen. Und da ihn die Pfaffen nicht in die Kirche liessen, geschahe es unter einer grossen Linde. In der ersten Prebigt zu Garbingen in Eyberstädtischen hat er beym Schluß A. 1524 allein gesungen: Eine feste Burg x. wurde der erste Reformator selbiger Lande, und benn auch Past. zu Husum. † 1551 act. 61. Bon ihm handelln Muhlius Diss. Hist. Theol. besonders aber M. J. M. Krafft in der Husumischen 200jährigen kurtzen R. Hist. ed. 1723. Hamb. in 4. Welchem aber der gelehrte Historicus und Philol. Petr. Saxius vorgegangen ist in der Cyberst. Chron. die in MS. lieget, und lieset man ben völligen Tittel und Inhalt in des von Seelen Athen. Lubec. P. 3. p. 142. Da zwar unser Reformator p. 145 Herm. Roost heisset, so aber die Sache und Historie selbst nicht ändert." —

Völlig mit diesen Angaben von Schamelius übereinstimmend berichtet: Lau: Geschichte der Einführung und Verbreitung der Reformation in den Herzogthümern Schleswig-Holstein 1867 S. 108: „Auch in den übrigen Städten des Herzogthums Schleswig verbreitete sich die Reformation rasch. 1524 wurde sie in Garding von Hermann Tast verkündigt, der bei dieser Gelegenheit das lutherische Lied: „Eine feste Burg ist unser Gott" sang, welches einen grossen Eindruck machte." S. 452: „Besonders einflussreich waren die Gesänge Luthers: Eine feste Burg ist unser Gott und Ach Go : vom Himmel seh darein. Der erstere Gesang, den Hermann Tast bei seiner ersten Predigt in Garding sang, machte dort die neue Verkündigung annehmlich; der letztere brachte die katholischen Priester in Lübeck zum Schweigen." Weniger bestimmt äussern sich Jensen und Michelsen: Schleswig-Holsteinische Kirchen-Geschichte III (1877), S. 17: "Im Jahr 1524 hielt Hermann Tast auch zu Garding evangelische Predigten. Da sang er nach der Predigt ein deutsches Lied von Luther der Gemeinde vor. Auf solche Weise lernten die Gemeinden in jener Zeit die Lieder. 1524 erschienen im Druck deutsche Gesänge von Luther, so auch 1525 und 1529."

Da weder Lau noch Jensen und Michelsen für ihre Mitteilungen Quellen angeben, so sah ich mich auf des Schamelius Hauptquelle, auf Petrus Saxius Eyderstedtische Chronik, zurückgewiesen; ich wandte mich mit der Bitte um nähere Auskunft an Herrn Provinzial-Schulrat Dr. K. F. Th. Schneider in Schleswig, dem verdienstvollen Herausgeber von Luthers geistlichen Liedern 1856. Herr Dr. Schneider hatte die Freundlichkeit, unter dem 3. Juli d. J. mir folgendes zu antworten: "Die Eiderstedtische Chronik oder richtiger: die Annales Eiderstadenses des Petrus Saxe sind nachweislich die Hauptquelle für Lau, Michelsen-Jensen und einige ältere Schriftsteller inbetreff der Einführung der Reformation in Eiderstedt, wo auch Garding liegt, gewesen. Die Manuskripte des Petrus Saxe, 6 Bände Folio, teils in lateinischer, teils in deutscher Sprache, sind noch in *Kopenhagen* vorhanden; Abschriften einzelner Teile derselben finden sich hie und da in unserer Provinz. Petrus Saxe selbst war ein Strandfriese, wurde am 6. September 1597 in Evensbüll geboren, besuchte die Schulen in Lübeck, wurde später Senator in Kaldenbüttel und lebte noch 1661 auf seinem Hofe Drandersum. Seine Annalen reichen bis 1645."

Hieraus geht hervor, dass Petrus Saxo, weil erst 1597 geboren, für das Jahr 1524, überhaupt für die ganze Reformationszeit, eine sekundäre Quelle ist. Es wird sein Manuskript in Kopenhagen zu untersuchen sein; vielleicht teilt er seine Quellen darin mit.

Sobald meine Erkundigungen in Kopenhagen ein festes Resultat gewonnen haben, werde ich dasselbe in den Bl. f. Hymn. ed Fischer veröffentlichen. Jedenfalls hat die alte Hypothese, das Lutherlied sei 1521 verfasst, schon durch den gegenwärtigen Stand der Untersuchung eine Stütze erhalten, welche nicht wohl ignoriert werden kann. Nur das möchte ich noch ausdrücklich bemerken, dass der beliebte Einwand, es sei undenkbar, dass das Lied, wenn 1521 entstanden, erst 1529 sollte im Druck erschienen sein, genau besehen doch wohl kein Gewicht hat. Luthers grossartige Unbekümmertheit um seine Poesieen, seine Bescheidenheit des Urteils über den Wert seiner Lieder, unsere Unbekanntschaft mit dem habent sua fata libelli einer uns so fernen Zeit, endlich auch das, was wir oben über die 1524 zuerst gedruckten Lieder Luthers hinsichtlich ihrer Entstehungszeit gefunden haben, halten billig vor allzu raschen Undenkbarkeitserklärungen zurück. Leicht würde es auch sein, aus den Briefen Luthers von der Wartburg Aussprüche aufzufinden, in denen Anklänge an das Reformationslied unverkennbar sind; wenn Luther am 1. November 1521 "dem armen Häuflein Christi zu Wittenberg" schreibt[1]): Sie (die Feinde) mussten ohn ihren Dank und

---

[1] de Wette II, 40 ff.

mit großem Schmerze und Leid hören, daß ich mich nu zu dreymal geſtellet hab, nit fur mein Freund, ſondern fur ſie ſelbs, meine Feinde, mit Erbietung, Urſach und Grund zu beweiſen unſers Glaubens" — ſo erinnert das an „das Wort ſie ſollen laſſen ſtahn und kein Dank dazu haben"[1]); ähnlich (S. 63): „Denn wir, von Gottis Gnaden, bey der Schrift ſtehn, und ihren Vorſtand haben, fur welchem jene ſich furchten, ſcheuen, fliehen, und doch mutwillig die Wahrheit läſtern." Vgl. Luthers Worte der Erklärung über den 37. Ps., den er den Wittenbergern schickt, z. B. zu v. 13 (S. 69), zu v. 17 (S. 71), zu v. 30 (S. 77), zu v. 33 (S. 79), zu v. 40 (S. 84). Zu diesem Brief möge man den vom 19. November 1521 an Albrecht, Grafen von Mansfeld, hinzunehmen[2]), in welchem sich derselbe kühne Mut, dass das Evangelium den Sieg behalten werde, ausspricht, wie im Reformationsliede. Auf solche Parallelen ist übrigens, wie gesagt, an sich kein grosser Wert zu legen, besonders nicht bei einem solchen Liede, welches überall in allen Schriften Luthers Anklänge hat, die in demselben heiligen Trotz des Glaubens und der Siegeszuversicht geschrieben sind, aus der das Reformationslied entstand.

27. „Da Pacem Domine: Deudſch" ist das nach unsern heutigen Quellen zuerst im Gesangbuch 1531[3]) vorliegende siebenzeilige aus der alten lateinischen nach 2 Kön. 20, 19 gebildete Antiphone übersetzte Gebet um Frieden: Verleih uns Frieden gnädiglich. Niederdeutsch findet es sich, ebenfalls siebenzeilig, in dem Sluter'schen Gesangbuch, Rostock 1531, wird daher bereits im Klug'schen Gesangbuch 1529 gestanden haben. Bereits in den „Kirche geſenge ꝛc. 1531. Nürenberg durch Jobſt Gutknecht" ist das Lied zu vier fünfzeiligen Strophen vermehrt, wie denn wohl keins aller Lutherlieder so wie dies der Willkür und Aenderungslust zum Opfer gefallen ist. Wahrscheinlich ward schon im Klug'schen G.B. 1529 das zweizeilige Gebet: „Gott, gib Fried in deinem Lande, Glück und Heil zu allem Stande", hinzugefügt, das sich nebst einem Gebete in Prosa auch später öfter findet, u. A. auch in den Abdrücken von Val. Babst 1558 und 1567 (aus der Prof. Wagener'schen Bibl.). Dass es von Luther aus dem Lat. übersetzt ist, dürfte keine Frage sein[4])! Da das Erfurter Gesangbuch 1527[5]) die Uebersetzung des Da pacem noch in *Prosa* enthält, so ist die Entstehung der poetischen Uebersetzung zwischen 1527 und 1529 anzusetzen.

---

[1] d. h. dafür, dass sie das Wort stehen lassen, empfangen sie keinen Dank; thun sie's doch nicht aus gutem Willen, sondern weil sie es stehen lassen müssen, sie mögen es wollen oder nicht. Derselbe Ausdruck ist im 16. Jahrh. sehr gebräuchlich. Vgl. auch Cyr. Spangenberg: Cith. Luth. (15ᴺᴵ) I, S. 19: „Es hat er doch wider ſein dank ſelbm vnd zugeben müſſen, das fromme hertzen, den Artickel von der Rechtfertigung, rein bekandt vnd geſungen haben, in dieſem Liedlein" u. s. w. Näheres in: „Deutsches Wörterbuch von Jakob Grimm und Wilhelm Grimm Bd. II, Spalte 727 ff., bes. 728 Nr. 3.

[2] de Wette II, 96 ff.

[3] Geiſt- | liche lieder auffs | new gebeſſert zu Wittemberg. D. | Mar. Luth. | M.D.xxxj. — gedruckt zu | Erffurdt, Andre- | as Rauſcher zum | halben Rad in der | Kreymer gaſſen | M.D.xxxi. (bei Wck. I, S. 307 Nr. XXXIX.)

[4] Cyriacus Spangenberg: Cithara Luth. IV: 265.

[5] Wck. Bibl. S. 97 Nr. CCXLVII und CCXLVIII.

28. „Te Deum laudamus. durch | D. Marthinum Luther | vordeudſcht." Es iſt der sogen. Ambroſianiſche Lobgeſang: Herr Gott, dich loben wir. Ueber den Ursprung desselben wahrscheinlich in der Morgenländischen Kirche, vgl. Fischer I, 261 ff. Luthers Uebersetzung findet sich wie das vorhergehende Da Pacem für uns in dem Buch: „Geyſtliche lieder u. ſ. w." Wittenberg 1531, wird aber auch in dem Klug'schen G.B. 1529 bereits gestanden haben, da es in dem Rostocker 1531 von Sluter steht. In der Schrift: „Die drei Symbola, oder Bekenntniß des Glaubens Chriſti, in der Kirche einträchtiglich gebraucht" 1538 (Erl. Frkf. Ausg. 23, 251 ff.)¹) nennt Luther den Ambros. Lobgesang „ein fein Symbolum oder Bekenntniß (wer auch der Meiſter iſt), in ſangesweiſe gemacht, nicht allein den rechten Glauben zu bekennen, ſondern auch darinn Gott zu loben und zu danken." Ganz anders urteilt Luther darüber in einem undatierten Brief an Crodelius (de Wette-Seidemann VI, 425), der etwa 1528 wird geschrieben sein: „Mitto, mi Cr., hymnum Ambrosianum versum Germanice, ut petiisti. Sed in his hymnis et similibus unum illud desidero, scilicet quod tantum laudant Deum de operibus creationis, ... cum idem faciant Judaei, Turcae et omnes impii, et nobis christianis conveniat, ut jugiter et ardenter recordemur recreationis omnium, h. e. historiae historiarum et rei omnium rerum etc.

Da das Erfurter G.B. 1527 nur eine Prosa-Uebersetzung von Te Deum laudamus kennt, so ist die Entstehung der poetischen Uebersetzung zwischen 1527 und 1529 zu vermuten.

1535.

29. „Ein lied von der Heiligen Chriſtlichen Kirche, aus dem xij. capitel Apocalypſis", drei zwölfzeilige Strophen: „Sie iſt mir lieb, die werde magd", findet sich zuerst in dem Gesangbuch von 1535, das in einem leider defekten Exemplar von Wck. auf der Königl. Bibl. zu München (Liturg. 492) entdeckt ist²).

Zeit der Abfassung zwischen 1533 und 1535; denn es fehlt in dem G.B. 1533 (Geiſtliche Lieder, auffs new gebeſſert zu Wittemberg. D. Mart. Luth. XXXIII vgl. Wck. Bibl. S. 123 CCCXV), das mit Ausnahme dieses und des folgenden (30.) Liedes denselben Inhalt hat wie das G.B. 1535.

30. In demselben G.B. (fol. 4) findet sich zuerst „Ein Kinderlied auff die Weinacht Chriſti", das unvergängliche, liebliche „Vom himel hoch da kom ich her", fünfzehn vierzeilige Strophen. Der Weihnachtsengel wird redend in den ersten fünf Strophen einge-

---

¹) Hiernach ist das falsche Citat Rambachs bei Fischer I, 243 zu korrigieren.
²) Wck. Bibl. S. 141 (CCCXXVIII): (Geiſtliche lieder zu Wittemberg. D. Mart. Luther 1535.) — Gedruckt zu Wit-| temberg durch | Joſeph Klug. | MDXXXV. — Herr Konsistorialrat Prof. Dr. F. Ranke zu Marburg ist in dem Besitze einer genauen Abschrift des Münchener Exemplars; durch die Güte des Herrn Kollegen steht es mir zur Verfügung. Das Lied findet sich fol. 53.

führt. Luthers Lied schliesst sich parodierend an das möglicherweise aus Nithards Zeit (Anfang des 13. Jahrhunderts) stammende *Rätsellied* an, wie es beim Kranzsingen unter der Dorflinde angestimmt wurde: „Jd) fumm aus frembben landen her und bring euch vil der newen mär, der newen mär bring ich so vil, mer dann ich euch hie sagen wil" (Franz M. Böhme: Altdeutsches Liederbuch 1877, S. 350 ff.). Ueber die herkömmlichen Weihnachtsgebräuche, das Kindelwiegen u. s. w., woran unser Lied anknüpft vgl. Hoffmann v. Fall. a. a. O. S. 418 ff. — Böhme a. a. O. S. 623 ff. — Ueber das Str. 14 vorkommende: Susaninne (Suse ist Interjection, beim Einwiegen der Kinder gebraucht [unser: Su-su], ninne = minne = Liebchen) Hoffm. S. 420 Anm. 4. — Auch dies Lied ist zwischen 1533 und 1535 entstanden, da es im G.B. von 1533 noch fehlt.

1539.

31. „Das Vater unser kurtz Ausge- | legt vnd jnn Gesangweise gebracht", neun sechszeilige Strophen, das Lied: „Vater unser im Himelreich", eine Versifikation vom Gebete des Herrn. Es findet sich zuerst in dem Valten Schumann'schen G.B. 1539[1]), aus demselben Jahr auch in einer Separatausgabe[2]). Welchem Druck die Priorität zukomme, ist nicht zu sagen. Höchst überraschend neue Datierung giebt: Ein feste burgk ist unser got Der neu aufgefundene Luther-Codex vom Jahre 1530 ed. O. Kade. 1871. In diesem Codex, welcher unzweifelhaft von Luthers Hand die Widmung trägt: „Hat myr verehrt meyn guter Freund Her Johann Walther Componist Musice zu torgau 1530. Inn Gott gnade. Martinus Luther", steht das Lied Vater unser im H. Blatt 187. Fischer, welcher zu Ein feste Burg bemerkt, dass unser Codex nichts Neues über die Abfassungszeit bringe, hat zu unserem Liede keine Notiz. Selbstverständlich wird es sich um die Frage handeln, ob der Codex echt, ob das Widmungsblatt zum ganzen Codex gehöre. Kade S. 9 ff. S. 30. S. 48 ff. glaubt die Echtheit beweisen zu können; seine Gründe sind sehr beachtenswert. Dass dennoch die Einheitlichkeit, bezw. Echtheit des Codex nicht über allem Zweifel erhaben sei, glaubt Wok. behaupten zu dürfen (Fischer I, 157). Nach Kade's Luther-Codex ist das Lied demnach bereits 1530 vorhanden gewesen; nach den sonstigen Quellen dürfte die Entstehung zwischen 1535 und 1539 zu setzen sein.

---

[1] Wck. Bibl. S. 470 MLXXXIV: Geistliche | lieder, auffs | new gebessert vnd ge | mehrt, zu Wittenberg. | D. Martl. Luther. | Viel Geistliche | gesenge, vō andern fro | men Christen gemacht. | Jtz Die ordnūg der deutschē Mess. — Gedruckt zu Leyptzick | durch Valten Schu- | man MDXXXIX.

[2] Wck. Bibl. 158 CCCLXXXIII: Das Vatter vnser kurtz ausgelegt vnd inn Gesang weyse gebracht durch D. Mar. Luth. MDXXXIX.

1541.

32. „**Der Hymnus, Hostis Herodes. Im Thon, A solis ortus etc.**": Was fürchtſt, Feind Herodes, seer, das ons geborn kompt Chriſt der HERR? Fünf vierzeilige Strophen. Die vier ersten Strophen (die fünfte ist eine Doxologie[1]) sind Uebersetzung der Strophen 8, 9, 11 u. 13 des Hymnus: A solis ortus cardine des Caelius Sedulius, dessen erste sieben Strophen Luther in dem Liede: Christum wir sollen loben schon, übersetzt hat. Die Strophen 8, 9, 11 u. 13 sind schon früh von dem Liede als hymnus in epiphania domini ad vesperas (vgl. Wck. I, S. 46 Nr. 50) getrennt. Der Inhalt des Lutherliedes ist aus Mt. 2, 3; 3, 9; 3, 16 und Jh. 2, 6—10 genommen. Das Lied findet sich zuerst gedruckt in dem Jos. Klug'schen G.B. 1543[2]), Rambach a. a. O. S. 110 berichtet jedoch nach J. G. Walther's ergänzten und verbesserten Nachrichten von den letzten Thaten und Lebensgeschichten des sel. D. Luthers 1. Theil. II. Abschn. S. 89, dass das Lied von Luther bereits am 12. Dezember 1541 gefertigt sei.

33. „**Ein Geyſtlich Lied von onſer heyligen Tauffe, darin ſein kurtz verfaſſet, was ſie ſey? wer ſie geſtiftet habe? was ſie für nutzen einbringe?** D. Martinus Luther. Anno MDXLI." So der Titel eines einzelnen Blattes[3]), welches das Lied Chriſt onſer HErr zum Jordan kam, sieben neunzeilige Strophen, enthält. Niederdeutsch steht es zuerst in dem Magdeburger G.B. 1542[4]), sodann hochdeutsch in dem Klug'schen G.B. 1543. — Abfassung wahrscheinlich 1541.

34. „**Ein Kinderlied, zu ſingen, wider die zween Ertzfeinde Chriſti vnd ſeiner heiligen Kirchen, den Babſt vñ Turcken, u. ſ. w.**", drei vierzeilige Strophen: Erhalt ons, Herr, bei deinem Wort, Vnd ſteur des Bapſts vnd Türken Mord (die gewöhnlich beigefügten Strophen 4 und 5 sind nicht von Luther, sondern von Justus Jonas vgl. Fischer I, 167 ff.). Das Lied findet sich zuerst in dem Klug'schen G.B. 1543; doch berichtet Wck. Bibl. S. 176 CDXXXVIII nach Rambach a. a. O. S. 111, dass der Prediger Peter Busch (Anfang des 18. Jahrh.) in Hannover einen Einzeldruck des Liedes in 8º Wittenberg 1542 besessen habe. Durch andere Zeugnisse werden wir jedoch mindestens auf das Jahr 1541 zurückgeführt. Im Anfang August 1541 erliess nämlich der Kurfürst Johann Friedrich, schmerzlich bewegt über die Siege der Türken wider König Ferdinand, an Luther und Bugenhagen ein Schreiben, worin er Kirchengebete wider die

---

[1]) Dieselbe ist gleichlautend mit der Schlussstrophe von Christum wir sollen loben schon; in dem G.B. 1543 ist daher nur die erste Zeile ausgedruckt mit dem Vermerk ut supra; im Val. Babst'schen G.B. 1545 ist die Strophe vollständig. Vgl. auch Rauke, Marb. G.B. 1549 (1562) S. 433 ff.
[2]) Wck. Bibl. S. 187 CDLXII und CDLXIII: Geiſtliche Lie | der zu Wit- | temberg, | Anno 1543 | Warnung | D. Mart. | Luther. | Biel ſolſcher Weiſer u. s. w. — Gedruckt zu Wittem- | berg, Durch Joſeph | Klug, Anno M. | Dxlij.
[3]) Wck Bibl. S. 172 CDXXVII; S. 177 CDXLI.
[4]) Wck. I, S. 118 ff. LXX.

Türken anordnete[1]). Schon zu Anfang des Türkenkriegs hatte Luther in einem Umlaufschreiben an alle Pfarrherrn (de Wette V, 167 ff.) die „gar gütliche Bitte" ausgesprochen, „ihr Volk treulich zu vermahnen und ihnen mit Fleiß diese zwo (Papisten und Türken) Ruthen Gottes fürzubilden, damit sie sich fürchten und frömer werden." Auf die Aufforderung des Kurfürsten hin verfasste Luther seine „Vermahnung zum Gebet wider den Türken" 1541 (Erl. Frkf. Ausg. 32, S. 74 ff.), worin er S. 87 ff. eine Liturgie bei solchem Gebetsgottesdienste vorschreibt: Am Feiertage (Freitage?) solle nach der Predigt . . . der 97. (? 79) Psalm: Herr, es sind Heiden in dein Erbe gefallen, gesungen werden . . . . . „Drauf (wo man will) mag der Laie singen: Erhalt uns Herr bei deinem Wort, verleihe uns Frieden; oder das deutsche Vater Unser." Der Text in der Erl. Frkf- Ausg. ist nach dem ältesten Drucke: „Vermanunge zum Gebet, Wider den Türcken. Mart. Luth. Wittemberg. MDXLI." gegeben. Da die Vermahnung nun die *Kenntnis* des Liedes Erhalt uns Herr bei deinem Wort innerhalb der Gemeinde *voraussetzt*, so ist die Annahme nicht zu umgehen, dass es bereits *vor* dieser Vermahnung, also auch wohl *vor* 1541, gedichtet und der Gemeinde bekannt geworden ist. Daraus erklärt sich denn auch die auffallende Thatsache, dass das Lied bereits 1542 niederdeutsch im Magdeburger G.B. in einer von dem Original abweichenden Form und um eine Strophe vermehrt erscheinen konnte (vgl. Fischer a. a. O. I, 167). Die Bemerkung von Rambach (a. a. O. S. 111 Anm. 10), welche Fischer I, 167 interessant findet und ohne Weiteres abdruckt, dass in jenem Gebetsgottesdienste der Gesang vornehmlich von den Chorknaben verrichtet worden sei und dass daher die Bezeichnung „ein Kinderlied" sich erkläre, ist falsch, da Luther in der Liturgie den Gesang des Liedes ausdrücklich den „Laien" zuweiset (so jetzt auch Fischer in s. Ausg. von Luthers geistl. Liedern 1883, S. 47). Nur aus der *ursprünglichen* Bestimmung des Liedes, die uns nicht weiter bekannt ist, kann vermutungsweise die Erklärung der Bezeichnung des Kinderliedes entnommen werden.

Die Abfassung des Liedes fällt vor 1541.

[1]) C. A. H. Burkhardt: Dr. Martin Luthers Briefwechsel 1866, S. 392 ff.: „vnd aber solleb des Turken beginnen vnd furnemen, ain straf vnd rutbe gottes ist vmb vnser sünde vnd bossheit willen, so begern wir mit sonderlichem genedigem vleiss, Ir wollet den predigern in vnserm churfurstenthumb zu Sachsen, In Eur superatendens gehorig, furderlich vnd vnuerzuglich bevelhen, dass sie das volk zu allen predigten zu dem gebete obberurter des Turken furstehenden vnd tirannisch handelung halben mit höchstem ernst wollen ermanen vnd sein almechtigkeit vmb genedige abwendung, auch allen denen, die wider den Turken streiten vnd fechten, genedigen sig vnd vberwindunge zu geben vnd zu verleihen von ganzem herzen emsiglich zu bieten u. s. w." — Luther war sehr bedrückten Gemütes und hatte wenig Freudigkeit zum Gebet. In seinem Briefe vom 14. August 1541 an den Kammerdiener Georg Weiss (de Wette V, 389) schreibt er: „Und Summa, ich habe so gar kein Herz noch Hoffnung dazu, daß ich auch nicht bitten kann umb Sieg wider den Türken, sondern allein so viel, daß Gott wollte erretten, die zu erretten sind, und daben helfen. Wohl wollte ich wünschen, daß Ferdinand ein besser Glück und gnädigen Gott hätt . . . . . ." —

1543.

35. „**Hymnus, O lux beata, verdeutscht.**" Es ist das Lied: **Der du bist drey in einig-
keit**, drei vierzeilige Strophen, die Uebersetzung des hymnus Dom. II post octavam
epiphaniae aus dem 5. Jahrhundert: O lux beata, trinitas et principalis unitas, zwei
vierzeilige Strophen (Wck. I, S. 52 Nr. 60), die Luther durch eine doxologische
Strophe vermehrt hat. Das Lied erschien zuerst in dem Klug'schen G.B. 1543. Wann
es gedichtet sei, ist unbekannt.

36. „**Ein ander Christlieb, Jm vorigen Thon**", (nämlich im Ton des Liedes: Vom
Himmel hoch, da komm ich her) ist im Klug'schen G.B. 1543 das in sechs vierzeiligen
Strophen gedichtete Weihnachtslied überschrieben: „**Von Himel kam der Engel schar.**"
Es ist eine kürzere, an dichterischem Werte weit geringere Fassung des genannten
grösseren Weihnachtsliedes. Was Luther bestimmt haben mag, dem besseren ein ge-
ringeres, dem längeren ein kürzeres hinzuzufügen? Wohl kein anderer Grund, als der
ihn bewog, dem längeren Liede über die zehn Gebote ein kürzeres folgen zu lassen, —
seine Vorliebe für die Kürze, wie Fischer meint II, 306, wohl nicht allein, wahrscheinlich vorwiegend die Beobachtung, dass die Gemeinde im Gottesdienst nur immer
die Hälfte der Lieder singen kann, wenn dieso aus so vielen Strophen bestehen

---

Die Erl. Frkf. Ausg. von Luthers Werken Bd. 56, 359 und 360 fügt noch zwei
Lieder hinzu, die Wck. weder in seiner Ausgabe von Luthers geistlichen Liedern,
noch in seinem grossen Werke: Das deutsche Kirchenlied berücksichtigt hat. Fischer
in s. Ausg. von Luthers Geistl. Liedern 1883, S. IX erwähnt zwar neben der Litanei
die gewiss nicht geistlich zu nennenden Lieder: „**Nun treiben wir den Babst heraus**";
„**Der Babst und Greul ist ausgetrieben**"; und die Parodie: „**Ach du arger Heinze, was hast
du gethan**", — ohne jedoch der Lieder: „**Unsre grosse Sünde**" und „**Willst du vor Gott,
mein lieber Christ**" zu gedenken. Für beide Lieder hat die Erl. Frkf. Ausg. keine
andere Quelle, als das Buch: Dr. Martin Luthers Geistliche Lieder von Jul. Leop
Pasig, Leipzig 1845.

1. Das eine Lied hat die Ueberschrift: „**O du armer Judas, christlich verändert**"
und besteht aus zwei achtzeiligen Strophen, deren jede mit Kyrieleison schliesst. Das
Lied beginnt: „**Unsre grosse Sünde Und schwere Missethat**". Das zu Grunde liegende
Lied ist eine vierzeilige Strophe aus dem 14. Jahrhundert; Wck. hat sie II, S. 468 ff.
Nr. 616 ff. in drei Rezensionen mitgeteilt und die Fundorte Bibl. S. 45 CXXI, S. 129
CCCXXVI und S. 191 CDLXIX angegeben. —
In Luthers Schriften finden wir ausser der Parodie des O du armer Judas in
seiner Schrift: „**Wider Hans Worst**" 1541 (Erl. Frkf. Ausg. 26, 1 ff. 75): Ach du arger
Heinze, was hast du gethan u. s. w. nur in den Tischreden Luthers (Bd. 61, 136 Nr.
2106) von dem Liede eine Spur; dort steht die erste Strophe in einer von dem Texte

Pasig, welcher „Tischreden Leipzig 1621 Blatt 546" zitiert, abweichenden Rezension. Die zweite Strophe ist in dem Buche: Reve Deubsche Geistliche Gesenge CXXII u. s. w. Gedrudt zu Wittemberg burch Georgen Rhau 1544, jedoch ohne Luthers Namen (Wck. Bibl. S. 192 CDLXXI) hinzugekommen. 2. Das andere Lied ist überschrieben: „Eine anbre Auslegung besselben (128.) Psalms in Versweise gestellet", fünf vierzeilige Strophen, beginnend: „Willst bu vor Gott, mein lieber Christ, Seliglich leben ju dieser Frist". Es findet sich unter dem angeführten Titel mit der Jahreszahl „Anno 1543" und dem Zusatz: „ju entgegen bem heibnischen Gedicht Martialis: Vitam, quae faciunt beatiorem etc." in der Schrift: „Kurje Auslegung über etliche Psalmen, als den 29., 42., 45., 51., 56., 81., 128., 133., 137., 147. und 148" (Erl. Frkl. Ausg. 38, 276 ff. 321). Dieselbe ist jedoch nicht von Luther herausgegeben; Veit Dietrich hat die Auslegung aus Luthers Munde (nach dem Jahre 1530) vernommen und aufgezeichnet, Joh. Aurifaber sie zuerst in der Eisleben'schen Sammlung drucken lassen. So wird auch Aurifaber das Lied 1543 hinzugefügt haben, wahrscheinlich aus dem Gedächtnis, in Erinnerung an während der Tischreden extemporierte Verse Luthers; sie haben auch ganz das Gepräge von, allerdings sehr gelungenen, Knittelversen. Es ist nur als richtig anzuerkennen, dass Wackernagel sie in keines seiner Werke aufgenommen hat; aber es ist nicht zu rechtfertigen, dass die Erl. Frkf. Ausg beim Abdruck dieser Lieder nur die sehr untergeordnete Ausgabe von Pasig zitiert, ohne den Abdruck beider Lieder in der eignen Ausgabe Bd. 61 und Bd. 38 anzuführen.

Rekapitulieren wir den Erfund!
Mit *Sicherheit* lässt sich *das Abfassungsjahr* nur weniger Lieder bestimmen; es sind:
    1523 Ein neues Lied wir heben an, Nr. 1.
    1524 Aus tiefer Not (5 strophig), Nr. 4b.
    1541 12. Dezember, Was fürchtst du Feind Herodes, Nr. 32.
    1541 Christ unser Herr zum Jordan kam, Nr. 33.
Schwankend innerhalb eines Zeitraumes von mehreren Jahren:
    1523 oder 1524 Nun freut euch, lieben Christen gemein, Nr. 2.
    1523 oder 1524 Aus tiefer Not (4 strophig), Nr. 4a.
    1523? oder 1524? Nun bitten wir den heiligen Geist, Nr. 21.
    1524 — 1526 Jesaja dem Propheten das geschah, Nr. 25.
    1527 — 1529 Verleih uns Frieden gnädiglich, Nr. 27.
    1527 — 1529 Herr Gott dich loben wir, Nr. 28
    1533 — 1535 Sie ist mir lieb, die werte Magd, Nr. 29.
    1533 — 1535 Vom Himmel hoch, da komm ich her, Nr. 30.
    1539 — 1541 Erhalt uns, Herr, bei deinem Wort, Nr. 34.
    1539 — 1543 Der du bist drei in Einigkeit, Nr. 35.
    1539 — 1543 Vom Himmel kam der Engel Schar, Nr. 36.

Schwankend zwischen vier bestimmten Jahren:
1521, 1527, 1528, 1529 Ein feste Burg ist unser Gott, Nr. 26.
Vor 1530 oder 1535 — 1539: Vater unser im Himmelreich, Nr. 31.
Völlig unbestimmbar, nur mit dem Endtermin des Jahres 1524:
Ach Gott vom Himmel, sieh darein, Nr. 3.
Es spricht der Unweisen Mund wohl, Nr. 5.
Dies sind die heilgen zehn Gebot, Nr. 6.
Mitten wir im Leben sind, Nr. 7.
Gott sei gelobet und gebenedeiet, Nr. 8.
Gelobet seist du Jesu Christ, Nr. 9.
Jesus Christus unser Heiland, der von uns den Gottes Zorn wand, Nr. 10.
Wohl dem, der in Gottes Furcht steht, Nr. 11.
Es wolt uns Gott genädig sein, Nr. 12.
Christ lag in Todes Banden, Nr. 13.
Jesus Christus unser Heiland, der den Tod überwand, Nr. 14.
Komm, Gott Schöpfer, heiliger Geist, Nr. 15.
Komm heiliger Geist, Herre Gott, Nr. 16.
Nun komm, der Heiden Heiland, Nr. 17.
Christum wir sollen loben schon, Nr. 18.
Wir glauben All an Einen Gott, Nr. 19.
Gott der Vater, wohn uns bei, Nr. 20.
Wär Gott nicht mit uns diese Zeit, Nr. 22.
Mensch, willst du leben seliglich, Nr. 23.
Mit Fried und Freud' ich fahr dahin, Nr. 24.

Welches ist nun das Resultat der Untersuchung? Scheinbar ein ziemlich trostloses. Ueberall Fragezeichen, überall Ungewissheit; nur vereinzelt wenige feste Daten, sonst in günstigeren Fällen Zeiträume mehrerer Jahre, in welchen mit mehr oder weniger Wahrscheinlichkeit die Lieder entstanden sind; bei den meisten nur das Jahr ihrer Veröffentlichung ohne irgend eine Spur, soweit die äusseren Zeugnisse reichen, wann sie geboren wurden. Ist das wirklich so trostlos, wie es dem ersten Blick erscheint? Trostlos würde es sein, wenn es anders wäre, d. h. wenn irgend eine Nötigung vorläge, die Abfassung der Lieder und die Veröffentlichung derselben innerhalb desselben Jahres zu fixieren. Wie würde Luther, der grosse Reformator, als Liederdichter erscheinen? Sein Werk der Reformation ist aus dem Ringen des nach Versöhnung schreienden Gewissens geboren; in naturgemässer kraftvoller Entwickelung von Licht zu Licht, von Kraft zu Kraft drang Luther hindurch zur klaren Erkenntnis des Heilswillens und Heilswerkes Gottes in Christo, bis zu dem heldenmütigen: Ich kann nicht anders, hier stehe ich, Gott helfe mir[1]). Und der *Dichter* Luther? Ein *Dichter* würde er nicht sein, sondern

---

[1] Jul Köstlin: Luthers Rede in Worms am 18. April 1521 (Theol. Stud. u. Krit. 1875, S. 199 ff. 135). Th. Kolde: Luther und der Reichstag zu Worms 1521 (Halle 1883), S. 60.

ein *Versifex*, der zu bestimmten Zwecken, aus rein praktischen Motiven seine Lieder *gemacht* hätte; ob die Motive auch noch so geistlich und edel, die Zwecke noch so erhaben seien, wo bleibt die Wahrheit des Göthe'schen Wortes, dass jeder wahre Dichter ein *Gelegenheits*dichter sei, der singt, weil er's nicht lassen kann, der dann singt, wann die Gelegenheit, d. h innere und äussere Nötigung, ihn dazu treibt? Darin liegt der Wahrheitskern der Darlegungen von Ernst Ranke, der den Geist der Psalmen und Propheten in Anspruch nimmt, welcher über Luther gekommen sei, so dass er zu seiner Harfe habe greifen *müssen*. Aber dieser Geist der Psalmen und Propheten — wir ziehen vor allgemeiner zu sagen: der christlich-religiöse Dichtergeist — kam nicht über ihn nach Art der Alttestamentlichen Propheten, mächtig in bestimmten Stunden oder einzelnen Jahren, um dann Jahrzehnte lang zu schweigen, wie er Jahrzehnte lang zuvor geschwiegen hatte, sondern dieser Geist *wohnte* in ihm nach Art der Propheten des Neuen Testaments (1. Cor. 14); und sobald er angeregt ward von irgend einer Seite, da entstand das geistliche Lied[1]). Das Ignoramus betreffs der Abfassungszeit seiner Lieder ist positiv dahin zu ergänzen: sie sind entstanden in Momenten, die über sein ganzes Leben hin zerstreut sind. Wenn äussere Zeugnisse mangeln, die Entstehungszeit zu fixieren, an inneren Zeugnissen wird kein Mangel sein. Aber diese inneren Zeugnisse, sie sind nicht pedantisch aus einzelnen Verbal-Anklängen und Sach-Parallelen aus diesen oder jenen Schriften zu entnehmen, sondern aus der inneren und äusseren Situation, in welcher Luther sich befand, und wenn Schneider und Biltz darauf schon den Finger gelegt, so haben sie ganz abgesehen davon, ob ihre Divination das Richtige traf, den richtigen Weg gewiesen. Streitig wird's ja im Einzelnen immer bleiben, welche Situation die dem betreffenden Liede entsprechende gewesen sei; aber dass lediglich, ob auch nur nach Art einer Wahrscheinlichkeitsrechnung, durch Sichversenken in die Lieder Luthers und durch Sichversenken in den inneren und äusseren Lebensgang des grossen Reformators die Entstehungszeit seiner Lieder zu bestimmen sei, das ist gewiss.

Wann die Lieder *veröffentlicht* seien, ist kein Bestimmungsgrund ihrer Abfassungszeit; nur in dem beschränkten Sinne kommt die Zeit der Veröffentlichung in Betracht, dass dieselbe die Grenzen bezeichnet, vor welchen das Lied entstanden ist. Auch darin war Luther ein echter Dichter geistlicher Art, dass er sich genug gethan, wenn er sein Lied gesungen; es drängte ihn nicht, sofort es auch gedruckt zu sehen und der Welt oder der Gemeinde zu verkünden, dass er gedichtet habe. Auch wenn Kade's Luther-Codex über die Entstehung des Liedes: Vater unser im Himmelreich nicht zuverlässig sein sollte, indem er das 1539 zuerst veröffentlichte Lied als 1530 bereits vorhanden nachweiset, andere Lieder, z. B. Erhalt uns Herr bei deinem Wort, geben Analogieen. Mehr als dieses dichterische Selbstgenügen ist aber Luthers dichte-

---

[1] „Darumb man viele Geistliche Lieder, ob sie wol durch Menschen gemacht, vnd gesungen werden, doch nicht für schlechte menschen wort halten sol, Sondern widder, das es des heiligen Geistes Meistergesänge seien der sie selbst gemacht, da durch seine außerwehlten Heiligi, zu tage und ans liecht bracht hat", sagt Cyriacus Spangenberg in seiner Cithara Lutheri (Ausg. 1581) I, Bl. XII.

riche und christliche Demut das Motiv der Zurückhaltung seiner Lieder gewesen. Zu gross war ihm die Aufgabe des evangelischen Liederdichters, zu erhaben die unerreichbaren Vorbilder heiliger Poesie in den Psalmen und Propheten, als dass er *seine* Gesänge an die Stelle jener rücken oder sie an deren Seite so leichten Mutes der Gemeinde darbieten mochte. Daher der enge Anschluss so mancher seiner Lieder an das heilige Psalmwort, daher auch die liebliche und auffällige Erscheinung, dass von dem Erfurter Enchiridion 1524 an in allen unter Luthers Mitwirkung und von ihm selbst herausgegebenen Gesangbüchern Prosastücke aus den poetischen Büchern Alten Testaments und dichterischen Inhaltes aus dem Neuen Testament, oder auch wie im Erf. Enchir. (Blatt B i j) das Symbolum apostolicum, den Liedern untergemischt sind, als sollte die Gemeinde jedenfalls sicher gehen, auch wenn die eigenen Poesieen zu leicht erfunden würden, mit heiliger Poesie genährt und erbaut zu werden.

Es sind nur Andeutungen, die wir in den Grenzen unseres Programmes von diesen Verhältnissen geben können. Mögen sie dazu dienen, die trockenen geschichtlichen Untersuchungen und Notizen fruchtbar zu machen und den Dichter Dr. Martin Luther zu werten als das was er ist, wie Keiner vor ihm und Keiner nach ihm: ein **Kirchenliederdichter von Gottes Gnaden.**

Jahresbericht.

Die Einführung des Rectors der Universität für das Amtsjahr 1882/83 fand am 15. Oktober 1882 im Saalbau statt, wobei derselbe „das akademische Studium des künftigen Gymnasiallehrers" zum Gegenstande seiner Antrittsrede machte.

Bei der Feier des Allerhöchsten Geburtstages, welche, weil derselbe mit dem Grünen Donnerstag zusammenfiel, im Voraus am 17. März begangen wurde, hielt Professor Dr. Cohen die Festrede über Kant's Einfluss auf die deutsche Kultur. Zugleich verkündigte er die Ergebnisse der Preisbewerbungen der Studirenden vom Jahre 1882/83 und die für das nächste Jahr gestellten Aufgaben. Durch Preise wurden ausgezeichnet: die Studirenden der Medicin Paul Schuchardt aus Kaina, der Naturwissenschaften Reinhard Brauns aus Eiterfeld, der neueren Sprachen Emil Heuser aus Remscheid. Die von der theologischen Fakultät sowie die von den Direktoren des philologischen Seminars gestellte Aufgabe war unbearbeitet geblieben; die von der juristischen Fakultät gestellten beiden Aufgaben hatten zwar Bearbeitung gefunden, die erste dieser Arbeiten konnte jedoch wegen unentschuldigter verspäteter Einlieferung überhaupt nicht berücksichtigt werden, während der zweiten ein Preis nicht zuerkannt werden konnte.

Was die bauliche Reorganisation der Universität in dem abgelaufenen Jahre betrifft, so umfasst dieselbe zuvörderst die nothwendigsten Ergänzungsarbeiten am Auditoriengebäude, namentlich die definitive Einrichtung der Gasbeleuchtung, Vervollständigung der Geländer- und Futtermauerabschlüsse auf der Südseite, Einführung der städtischen Wasserleitung, Trockenlegung der Gebäudefundamente im inneren Hof. An Neubauten sind die Augenklinik und die medicinische Klinik in Angriff genommen. Erstere dürfte noch vor Winter bis über das hochgelegene Kellergeschoss, letztere in dem Fundament bis zur Bodenhöhe gebracht werden. Für die provisorische Einrichtung des pathologisch-anatomischen Instituts in den bisherigen Räumen unter Hinzunahme des ehemals Hofmann'schen Eckhauses sind Kostenanschläge bearbeitet und gelangen voraussichtlich noch im laufenden Herbst zur Ausführung. Das höheren Orts eingereichte Programm für den Neubau eines physiologischen Instituts ist genehmigt worden und unterliegt augenblicklich der generellen Projektbearbeitung mit der Massgabe, dass bis zum Juli nächsten Jahres das specielle Projekt fertig gestellt sein muss. Das Projekt zu einem neuen pathologisch-anatomischen Institut wird mit Rücksicht auf die beabsichtigte Vereinigung mit ersterem zu einem Gebäudecomplex auf dem Grundstück der alten medicinischen Klinik damit gleichzeitig generell bearbeitet.

Die demnächstige Erfüllung der noch ausstehenden baulichen und sonstigen Bedürfnisse der Universität dürfte um so zuversichtlicher zu erhoffen sein, als der im Monat August hier anwesende Commissar des Unterrichtsministeriums, Geh. Rath Althoff, sich durch Augenschein und mündliche Besprechungen von der Nothwendigkeit der bezüglichen Desiderien persönlich überzeugt hat.

Was die Veränderungen im Personal der Universität betrifft, so haben wir zuerst der schweren und schmerzlichen Verluste zu gedenken, welche sie durch den Tod von fünf ihrer Professoren erlitten hat, über deren Leben und literarische Thätigkeit hier der Sitte gemäss kurz zu berichten ist.

Friedrich Wilhelm Bencko, geb. am 27. März 1824 in Celle, wo sein Vater Secretar und Notar bei der Justizkanzlei war, bezog, nachdem er seine Vorbildung in der Elementarschule und dem Gymnasium daselbst erhalten hatte, zu Michaelis 1842 die Universität Göttingen, und setzte sein medicinisches Studium dort bis Ostern 1846 fort, erwarb daselbst auch am 17. Januar 1846 die medicinische Doctorwürde; sodann begab er sich zur Fortsetzung seiner Studien für ein Semester nach Prag, und bestand im November 1846 die Staatsprüfung, worauf er sich als praktischer Arzt in Celle niederliess, im J. 1848 aber als hannoverscher Militärarzt an der schleswigholsteinschen Campagne betheiligte. Vom Januar 1849 bis Herbst 1851 war er Hausarzt des deutschen Hospitals in London, von da an als praktischer Arzt in Hannover, im Sommer als Regierungsbadearzt in Rehburg thätig, bis er im J. 1853 einem Rufe nach Oldenburg als Leibarzt des Grossherzogs folgte. In dieser Stellung blieb er bis zum Herbst 1857, zu welcher Zeit er als erster Brunnenarzt nach Nauheim mit dem Titel Hofrath und der Berechtigung an der hiesigen Universität Vorlesungen zu halten berufen wurde. 1858 erhielt er den Titel eines Geheimen Medicinalraths und wurde mit der Direction des hier zunächst versuchsweise errichteten pathologisch-anatomischen Instituts beauftragt. Im J. 1863 erfolgte seine Ernennung zum ausserordentlichen Professor, 1867 die zum Ordinarius für das mit einer besonderen ordentlichen Professur bedachte Fach der pathologischen Anatomie und allgemeinen Pathologie, und zum Director des nunmehr definitiv begründeten pathologisch-anatomischen Instituts, nachdem er sich bei dem Uebergang von Nauheim an das Grossherzogthum Hessen-Darmstadt für sein Verbleiben bei der Universität Marburg und für die preussische Staatsangehörigkeit erklärt hatte; doch wurde ihm zugleich die fernere Ausübung der brunnenärztlichen Praxis in Nauheim von beiden Regierungen gestattet, der er sich bis zuletzt während der Badesaison neben seiner vielfachen Thätigkeit im Lehramt und in akademischen Geschäften gewidmet hat. 1868 war er auch zum Fürstlich waldeck'schen consultirenden Leibarzt ernannt. Seine eifrigen Bemühungen um die Errichtung von Kinderheilstätten, namentlich an den Küsten der Nordsee, Bemühungen, welche seine letzten Jahre vorzugsweise erfüllten und in welchen die warme menschenfreundliche Gesinnung, die einen Grundzug seines Wesens bildete, ganz besonders hervortrat, sind allbekannt. Mitten in der frischesten, hoffnungsreichsten mannigfachen Arbeit des kräftigsten Mannesalters wurde er am 16. December v. J. durch einen jähen, ungeahnten Tod nach nur eintägiger Krankheit abgerufen; bei seiner Beerdigung gab die Universität der Trauer über sein Hinscheiden durch den Mund des Rectors und des Professors Mannkopff Ausdruck (vergl. die in Nr. 298 von Jahrg. 1882 des Marburger Tageblatts abgedruckten Grabreden). — Mancherlei Auszeichnungen durch die verschiedenen Regierungen, in deren Diensten Beneke thätig gewesen ist, sind ihm zu Theil geworden [1]).

---

[1]) Folgende Schriften sind selbständig von ihm publicirt worden:
De ortu et canais monstrorum disquisitio. Göttingen. 1846 (auf Grund einer Preisschrift).
— Der phosphorsaure Kalk in physiologischer und therapeutischer Beziehung. Göttingen. 1850.
— Zur Physiologie und Pathologie des phosphorsauren und oxalsauren Kalkes. Zweiter Beitrag etc. Elberfeld. 1850. — Zur Entwicklungsgeschichte der Oxalurie. Göttingen. 1852. —
Unsere Aufgaben. Ein Versuch zur Anbahnung gemeinschaftlicher Arbeiten für die rationelle Heilkunde. Göttingen. 1852. — Die Rationalität der Molkenkuren Hannover. 1853 (1854 von Dr. Fumagalli in das Italienische übersetzt). — Ueber die Wirkung des Nordseebades. Göttingen. 1855. — Physiologische Vorträge. Für Freunde der Naturwissenschaften. Bd. I. und II. Oldenburg. 1856. — Mittheilungen und Vorschläge betreffend die Anbahnung einer wissenschaftlich brauchbaren Morbilitäts- und Mortalitäts-Statistik in Deutschland. Oldenburg. 1857. — Ueber Nauheims Soolthermen und deren Wirkungsweise. Marburg. 1859. (Traduit et abrégé de l'allemand par L. Burgin. Paris. s. d.) — Ueber die Nicht-Identität von Knorpel-, Knochen- und Binde-Gewebe. Ein Beitrag zur Kritik der Cellularpathologie. Göttingen. 1859. — Weitere Mittheilungen über Nauheims Soolthermen und deren Wirkungsweise. Marburg. 1861. — Studien über das Vorkommen, die Verbreitung und die Function von Gallenbestandtheilen in den thierischen und pflanzlichen Organismen. Giessen. 1862. 4. — Die praktische Medicin unserer Tage. Marburg. 1863. — Kurze Mittheilungen über die Soolthermen Nauheims und deren Anwendung. Marburg. 1864. — Zur Würdigung des phosphorsauren Kalks in physiologischer und therapeutischer Beziehung. Marburg. 1870. — Zur Geschichte der Associationsbestrebungen auf dem Gebiete der wissenschaftlichen und praktischen Heilkunde. Marburg. 1870. — Zur Frage der Organisation der öffentlichen Gesundheitspflege in Deutschland. Marburg. 1872. — Zur Therapie des Gelenkrheumatismus und der damit verbundenen Herzkrankheiten. Berlin. 1872. — Grundlinien der Pathologie des Stoffwechsels. Berlin 1874. (In das Russische und Italienische übersetzt.) — Vorlage zur Organisation der Mortalitätsstatistik in Deutschland. Marburg. 1875. — Oeffentliche Gesundheitspflege. Ein populär-wissenschaftlicher Vortrag. Marburg. 1876. — Balneologische Briefe, zur Pathologie und Therapie der constitutionellen Krankheiten. Marburg. 1878. — Anatomische Grundlagen der Constitutionsanomalien des Menschen. Marburg. 1878. — Die Altersdisposition. Festschrift der medicinischen Facultät zum 50. Jahrestage des Antritts der ordentlichen Professur in Marburg durch Heusinger. Marburg. 1879. — Votum gegen die Zulassung der Abiturienten von Realschulen I. Ordnung zum Studium der Medicin. Marburg. 1879. — Constitution und constitutionelles Kranksein des Menschen. Marburg. 1881. — Ueber die sanitäre Bedeutung des verlängerten Aufenthalts auf den deutschen Nordseeinseln, insonderheit auf Norderney. Norden und Norderney. 1881. — Die erste Ueberwinterung Kranker auf Norderney. Aerztlicher Bericht. Norden und Norderney. 1882. — Ausserdem zahlreiche Arbeiten in dem von ihm redigirten Archiv und dem Correspondenzblatt des Vereins für gemeinschaftliche Arbeiten zur Förderung der wissen-

Franz Eduard Christoph Dietrich, geb. am 2. Juli 1810 zu Strauch im Königreich Sachsen als Sohn des dortigen Pfarrers, besuchte 1823 — 29 die Schule zu Pforta, studirte danach in den Jahren 1829 — 33 in Leipzig und Halle Theologie und Orientalia, übernahm darauf, nachdem er im August 1833 das theologische Examen in Halle bestanden hatte, eine Hauslehrerstelle bei Bethmann-Hollweg in Bonn (1834 — 36), und im Sommer 1836 das Amt eines zweiten Majors (Repetenten) bei der Stipendiatenanstalt (Seminarium Philippinum) unserer Universität, an der er im November 1838 die philosophische Doctorwürde erwarb und sich zugleich als Privatdocent in der philosophischen Facultät für die germanischen und semitischen Sprachen habilitirte. Nachdem er im J. 1843 zum ersten Major an der genannten Anstalt aufgerückt war, verliess er diese Stellung nach seiner Ernennung zum ausserordentlichen Professor im Herbst 1844. Im Herbst 1848 wurde er zum ordentlichen Professor in der philosophischen Facultät befördert, und aus dieser nach Gildemeister's Abgang im Herbst 1859 in die theologische Facultät versetzt, welche ihm schon am 24. December 1846 ihre Doctorwürde ertheilt hatte propter subtiliorem linguarum Veteris Testamenti cognitionem scriptis insigniter promotam scholis feliciter propagatam. In dieser hat er das Fach der alttestamentlichen Theologie vertreten, bis seine zunehmende Kränklichkeit den Anlass gab, ihm seit dem Herbst 1881 einen jüngeren Collegen an die Seite zu setzen. Nach Henke's Tod im December 1872 wurde ihm zunächst die Verwaltung der Stelle des Ephorus der Stipendiatenanstalt, im J. 1874 das Ephorat selbst übertragen, das er bis 1881 bekleidete. Von 1868 — 74 war er Mitglied der Wissenschaftlichen Prüfungs-Commission für Candidaten des höheren Lehramts für das Fach der hebräischen Sprache, von 1852 bis zu seinem Tode auch Mitglied der Prüfungs-Commission für Rabbinats-Candidaten. Bei dem Ordensfest 1877 erhielt er den Rothen Adler-Orden 4. Kl. — Seine Vorlesungen, die früher ebensowohl die germanistischen wie die semitischen und alttestamentlichen Disciplinen zum Gegenstande gehabt hatten, bezogen sich seit seinem Eintritt in die theologische Facultät mehr auf die mit dieser Stellung verbundenen, ohne dass er sich jenen ganz entzogen hätte, wie dies namentlich auch seine denselben fortwährend zugewandte literarische Thätigkeit beweist. Nach längerer Kränklichkeit, die seine früher unermüdliche Arbeitskraft mehr und mehr beschränkte, erfolgte sein Tod am 27. Januar 1883: an seinem Grabe charakterisirte sein Facultätsgenosse Professor Heinrici in warmen Worten die hohe Anspruchslosigkeit und den nie sich selbst genügenden Forschergeist, die zu seiner Eigenart gehörten [2]).

schaftlichen Heilkunde, in den Schriften und Sitzungsberichten der Gesellschaft zur Beförderung der gesammten Naturwissenschaften zu Marburg (in welcher er eine Reihe von Jahren hindurch die Stelle des Vorsitzenden eingenommen hat), in der Wochenschrift für ges. Heilkunde von Casper, im Archiv für physiologische Heilkunde, in Lancet, in Medicinischen Correspondenzblatt für die Aerzte Hannovers, in Schmidt's Jahrbüchern, in Goeschen's Deutscher Klinik, in der Berliner Klinischen Wochenschrift, im Deutschen Archiv für klinische Medizin, in Börner's Deutscher medicinischer Wochenschrift, in den Annalen der Chemie und Pharmacie, in den Jahrbüchern für Kinderheilkunde u. a.

[2]) Ausser mehreren Abhandlungen in Zeitschriften (Niedner's Zeitschr. f. histor. Theol., Merx Archiv zur Erforsch. d. A. T., Haupt's Zeitschr. f. deutsch. Alterth., Pfeiffer's Germania u. a.) sind von ihm folgende Schriften erschienen:

Wilhelm Scheffer, geb. am 15. April 1803 zu Schrecksbach an der Schwalm, wo Vater und Grossvater die Pfarrerstelle inne hatten, besuchte das Gymnasium in Hersfeld von Ostern 1819 bis Ostern 1822, dann drei Jahre die Universität Marburg, und nach interimistischer Versehung der Rectorstelle in Treysa und Ablegung der theologischen Prüfungen 1825 noch die Universität Göttingen, und trat darauf als Lehrer in das blühende Privatinstitut des Pfarrers Bang in Gossfelden ein, wo er bis zu seiner Ernennung zum Major (Repetenten) an der hiesigen Stipendiaten-Anstalt unter dem 1. Februar 1827 verblieb. Am 26. August 1828 erlangte er von der hiesigen philosophischen Facultät die Doctorwürde; am 19. August 1829 wurde er Licentiat und Privatdocent der Theologie, und hielt von da an bis zu seinem letzten Lebensjahre an unserer Universität Vorlesungen zunächst über Exegese des N. T., dann zugleich über systematische und praktische Theologie. Unter dem 16. Februar 1831 wurde er zum ausserordentlichen Professor ernannt, 1835 mit Sitz und Stimme im Marburger Consistorium beauftragt, 1838 zum wirklichen Consistorialrath und Inspector der reformirten Diöcese Oberhessen bestellt, 1839 mit der Abhaltung von jährlich zwölf Predigten in der reformirten Stadt- und Universitätskirche betraut. Im Herbst 1842 trat er als ordentlicher Professor in die theologische Facultät ein, die ihn am 24. December 1843 zum Doctor der Theologie promovirte (in honorem doctrinae theologicae eximiae et meritorum de re ecclesiastica patriae insignium). Von 1850 bis 1860 leitete er als Vorstand die Geschäfte des hiesigen Consistoriums, dessen Mitglied er bis zu seiner Aufhebung im J. 1873 blieb; 1857 erhielt er den Titel Oberconsistorialrath, sowie 1865 den Titel Superintendent (statt Inspector). Von 1842 bis 1848 bekleidete er zugleich das Amt eines Schulreferenten bei der hiesigen Provinzial-Regierung. Fünfmal (1852, 1856, 1859, 1862 und 1863) veranlasste das Vertrauen seiner Collegen zu seiner erprobten

De sermonis Chaldaici proprietate. Marburg. 1838. 8. (Doctor-Dissert.) — Altnordisches Lesebuch. Leipz. 1843. 8. 2. umgearb. Aufl. 1864. — Abhandlungen für semit. Wortforschung. Leipz. 1844. 8. — Abhandlungen zur hebräischen Grammatik. Leipz. 1846. 8. — Ueber die Bedeutung der germanist. Studien f. d. Gegenwart. Festrede. Marburg. 1864. 8. — Codicum Syriac. specimina quae ad illustrandam dogmatis de coena domini nec non scripturae Syriacae historiam facerent, e Museo Britann. elegit etc. Marburg. 1855. 4. (Geburtst.-Progr.) — Zwei Sidonische Inschriften, eine griech. und eine altphönic. Königsinschrift, zuerst herausgegeb. u. erkl. Marburg. 1855. 8. — Historia declinationis theotiscae primariae e fontibus describitur. Marb. 1859. 8 (Prorect.-Progr.) — De Kynewulfi poetae aetate aenigmatum fragmento e cod. Lgd. edito illustrata. Marburg. 1859. 4. (Ind. lectt.) — De inscriptionibus duabus runicis ad Gothorum gentem relatis. Marb. 1861. 4. (Ind. lectt.) — Ueber die Aussprache des Gothischen während der Zeit seines Bestehens. Eine sprachgesch. Abhandl. m. einem krit. Anhang üb. d. Namen des Jornandes. Marb. 1862. 8. — Ueber die Blekinger Inschriften, den Stein von Tunöe und andere deutsche Runen im Norden. Marb. 1862. 4. (Prorect.-Progr.) — De psalterii usu publico et divisione in ecclesia Syriaca. Marb. 1862. 4. (Ind. lectt.) — Frau und Dame. Ein sprachgeschichtl. Vortrag. Marburg. 1864. 8. — Morgengebete der alten Kirche des Orients für die Festzeiten. Verdeutscht. Leipz. 1864. 16. — De cruce Ruthwellensi. Marb. 1865. 4. (Ind. lectt.) — De Sanchoniathonis nomine. Marb. 1872. 4. (Ind. lectt.) — Dazu kommt die Bearbeitung der 5., 6. und 7. Auflage von Gesenius hebräischem und chaldäischem Handwörterbuch von 1855 bis 1868.

Kenntniss der Universitäts-Verhältnisse, seinem Interesse an deren gesammten Angelegenheiten und seiner Geschäftstüchtigkeit seine Wahl zum Prorector. Am 1. Februar 1877 feierte er sein fünfzigjähriges Amtsjubiläum unter vielseitiger Betheiligung, am 16. Februar 1881 sein fünfzigjähriges Professorenjubiläum. Bei beiden Gelegenheiten wurden ihm, wie schon im J. 1872, Ordens-Auszeichnungen zu Theil. Seit dem Sommersemester 1882 (nach vollendetem 79sten Lebensjahre) trat für ihn durch Berufung eines Collegen für das Fach der praktischen Theologie, der zugleich die ihm obliegenden Predigten übernahm, eine Erleichterung in seiner akademischen Thätigkeit ein, während er seinen Berufsgeschäften als Superintendent bis gegen Ende seines Lebens unermüdlich oblag. Sein Tod erfolgte nach kurzer Krankheit am 26. Februar d. J. (Vgl. Gedenkblätter zu dem am 1. Februar 1877 gefeierten Amtsjubiläum des Dr. th. et ph. W. Scheffer u. s. w. Als Manuscript herausgegeben von seinen Söhnen. Marburg 1877. 8. — Reden am Grabe des Herrn W. Scheffer u. s. w. [darunter die im Namen der Universität von Consistorialrath Ranke gehaltene]. Marburg 1883. 8.)*).

(Johann Christian) Karl Friedrich von Heusinger (nur die beiden letzten Vornamen pflegte er zu gebrauchen) war als Sohn des Pfarrers in Farnroda bei Eisenach am 28. Febr. 1792 geboren, besuchte vom zehnten bis zum achtzehnten Jahre das Gymnasium zu Eisenach, und bezog im Herbst 1809 die Universität Jena, wo besonders Oken auf ihn einwirkte, promovirte dort am 21. März 1812 als Doctor der Medicin, und begab sich dann noch zu gründlicherer Fortsetzung seiner Studien nach Göttingen, indem er sich schon damals das Ziel setzte, sich vorzüglich in der vergleichenden Anatomie und Physiologie auszubilden, worin dann, wie namentlich in der vergleichenden Pathologie und in der medicinischen Geographie, seine Thätigkeit eine epochemachende geworden ist. Im J. 1813 trat er nach vergeblichen Versuchen sich als Combattant bei dem Befreiungskampf zu betheiligen, als preussischer Militärarzt ein, und blieb in dieser Stellung sechs Jahre lang an deutschen, holländischen und französischen Hospitälern, indem er nach kurzem Aufenthalt in der Heimath und in Göttingen beim Wiederausbruch des Krieges 1814 als Oberarzt zu einem preussi-

*) Folgende Schriften sind von ihm erschienen:
Quaestionum Philonianarum part. I: de ingenio moribusque Iudaeorum per Ptolemaeorum saecula Marburg. 1829. 8. (Philos. Inaug.-Dissert.) — Quaest Philon. part II: de usu Philonis in interpretatione N. T. Marb. 1831. 8. (Theolog. Inaug.-Diss.) — Ueber Predigervereine und eine Reform des Conventwesens. Marb. 1838. 8. — Das Reich Gottes und Christi. Predigten, gehalten in der Universitätskirche zu Marburg, und kleinere geistliche Amtsreden. Marb. 1842. 8. — Die Verfassungsfrage der evangel. Kirche. Frankf. 1849. 8. — Exegesis perspicua controversiae de sacra coena a. 1574 sine nomine edita, recusa edente etc. Marb. 1853. 4. (Prorect.-Progr.) — Epitome renovatae ecclesiasticae doctrinae, quam ad Ill. Hessorum principem Philippum a. 1574 misit Philippus Melanchthon, opera praefat. denuo edita. Marb. 1860. 4. (Progr zur Feier des Todestags Melanchthons.) — Das Reich Gottes und Christi Predigten und geistliche Amtsreden. Marb. 1865. 8. — Ausserdem Einzeldrucke von Predigten, sowie der am 18. Oktober 1863 bei der Feier der Leipziger Schlacht gehaltenen Festrede, ferner Ansprachen in den Berichten der Bibelgesellschaft u. dgl., die zum Theil in den genannten Sammlungen wiedergedruckt sind. Endlich homiletische und praktisch-theologische Arbeiten in verschiedenen Zeitschriften.

schen Feldlazareth zurückkehrte, und namentlich gegen drei Jahre in Thionville, zuletzt als Director des zurückbleibenden Hospitals bis zum Frühjahr 1819 in Sedan stand. Abermals nach Göttingen zurückgekehrt erhielt er im Februar 1821 einen Ruf als ausserordentlicher Professor nach Jena, und trat diese Stelle im November an, in der er hauptsächlich die nach Oken's Entlassung frei gewordenen physiologischen Vorlesungen übernahm. Statt einer Berufung nach Russland nahm er die kurz darauf erfolgte als ordentlicher Professor der Anatomie und Physiologie und Director der anatomischen Anstalt in Würzburg zum Herbst 1824 an, wo er auch eine zootomische Anstalt errichtete, ausserdem durch Vorlesungen und akademische Geschäfte zum Nachtheil seiner begonnenen literarischen Arbeiten übermässig in Anspruch genommen war. Mit Beginn des Sommersemesters 1829 folgte er dem Rufe als Professor der Pathologie und Therapie und Director des klinischen Instituts an der hiesigen Universität (womit auch die Stelle eines Mitglieds der Direction des Landkrankenhauses für Oberhessen verbunden war) nach Bartels' Abgang. In dieser Stellung blieb er bis zum Frühjahr 1867, zu welcher Zeit er wegen seines hohen Alters von der Direction des klinischen Instituts entbunden wurde. Danach lebte er noch sechzehn Jahre in ungewöhnlicher geistiger und körperlicher Rüstigkeit, unablässig wissenschaftlicher Beschäftigung hingegeben, bis am 5. Mai d. J. nach kurzer Krankheit, die ihn das allmählich nahende Ende selbst zu beobachten nicht hinderte, seinem Leben im 92sten Jahre ein Ziel gesetzt wurde. — Seit 1844 hatte er die Stelle eines Medicinal-Referenten bei der hiesigen Provinzial-Regierung bis zum Aufhören dieser Behörde im J. 1867 bekleidet; in jenem Jahre wurde ihm auch der Titel eines Geheimen Medicinalraths zu Theil. Mit mehrfachen Ordensauszeichnungen waren seine Verdienste von den Fürsten Kurhessens, Sachsen-Weimars, Bayerns und Preussens anerkannt, zum Theil bei Gelegenheit der Jubiläen, die er in den Jahren 1862 (bei dieser Gelegenheit ertheilte ihm die hiesige philosophische Facultät ihre Doctorwürde), 1871, 1872 (der 60jährigen Doctorjubelfeier, auf deren Anlass er in den preussischen erblichen Adelstand erhoben wurde), 1879 und 1881 feierte. — Von seinem Leben bis zum Jahre 1830 hat er selbst in Justi's Fortsetzung von Strieder's hessischer Gelehrten-Geschichte S. 220 ff. eine lebendige Schilderung gegeben. Vgl. die von seinem ältesten Marburger Collegen, Geh. Medicinalrath Nasse, an seinem Grabe gehaltene, den treuen Lehrer seiner Schüler, den in schwierigen Fällen gesuchten Arzt, den bedeutenden medicinischen Forscher, den vielseitig gebildeten Mann warm schildernde Rede im Marburger Tageblatt d. J. Nr. 106 [1]).

---

[1]) Von Hensinger sind folgende selbständige Schriften erschienen:
Ueber den Bau und die Verrichtung der Milz, ein anatomisch-physiologischer Versuch. Eisenach (Thionville). 1817. 8. — Betrachtungen und Erfahrungen über die Entzündung und Vergrösserung der Milz Eisenach. 1820. 8. — Commentatio semiologica de variis somni vigiliarumque conditionibus morbosis etc. Isenaci. 1820. 8. (Preisschrift). — De metamorphosi rostri pici et de generatione mucoris in organismo animali vivente. Jena. 1821. 4. (Einladungsprogramm zur Rede bei Antritt der ausserordentlichen Professur.) — De organogenia (part. prima de materia organica amorpha). Jena. 1822. 4. (Programm zur Ankündigung s. Vorlesungen.) —

Wilhelm Christoph Friedrich Arnold war am 28. Oktober 1826 in Borken geboren, wo sein noch lebender als Mitglied der Direction der Landeskreditkasse in Kassel pensionirter Vater Justizamts-Assistent war, besuchte die Gymnasien

System der Histologie. Th. 1. Histographie. Heft 1. 2. Eisenach. 1822/23. 4. — Ueber den Zweck und die Bedeutung der Histologie im Kreise der ärztlichen Studien. Eine Vorlesung. Eisenach. 1823. 4. — Nachträge zu den Betrachtungen über die Entzündung und Vergrösserung der Milz. Eisenach. 1823. 8. — Untersuchungen über die anomale Pigment- und Kohlenbildung in dem menschlichen Körper. (Physiologisch-pathologische Untersuchungen. Heft 1.) Eisenach. 1823. 8. — Specimen malae conformationis organorum auditus humani rarissimum. Jena. 1824. fol. — De evolutione extremitatum in animalibus vertebratis. Wirceburgi. 1826. 4. (Einladungsprogr. zur Antrittsrede.) — Observationes de purpura antiquorum. Isenaci. 1826. 4. (Decanats-Progr.) — Bericht von der K. zootomischen Anstalt zu Würzburg für das Schuljahr 1824/25. Würzb. 1826. 4. — Bericht von der K. anthropotomischen Anstalt für das Schuljahr 1824/26. Würzb. 1826. 4. — Grundriss der physischen und psychischen Anthropologie. Eisen. 1829. 8. — Specimen artis Japonicae anthropologico-medicum, quo viro perill. H. W. M. Olbers semisaecularia doctoratus in medicina impetrati celebranti gratulatur. Marb. 1830. Fol. — Grundzüge der vergleichenden Physiologie mit besonderer Beziehung auf die nutzbaren Haussäugethiere. Leipz. 1830. 8. (Aus Putsche's Encyclopädie.) — Beobachtungen über die epidemische Brechruhr und ihre Heilart. Aus den vorgelegten Berichten der Wiener Aerzte zusammengetragen. Marb. 1832. 8. (Anonym.) — Vier Abbildungen des Schädels der Simia Satyras von verschiedenem Alter, zur Aufklärung der Fabel vom Oran Utan. Marb. 1838. 4. [Diese Schrift gibt namentlich auch von H.'s Studien auf entlegenem sprachlich-historischem Gebiete Zeugniss.] — Grundriss der Encyclopädie u. Methodologie der Natur- u. Heilkunde nebst einer Uebersicht der Gesch. der Medicin u. des gegenwärt. Standes des Medicinal-Unterrichtswesens in d. europ. Staaten. Eisenach. 1839. 8. N. A. Wien. 1868. — Theomnestus Leibthierarzt Theodorichs d. Gr. Cassel. 1843. 4. (Zu Nebel's Jubiläum.) — Recherches de pathologie comparée. 2 Vols. Cassel. (1844 —) 1854. 4. — Die Milzbrandkrankheiten der Thiere und des Menschen. Erlangen. 1850. 8. — Die sogenannte Geophagie oder tropische (besser: Malaria-) Chlorose als Krankheit aller Länder und Klimate. Cassel. 1852. 8. — Meletemata de antiquitatibus castorei et moschi. Marb. 1852. 4. (Zu Conradi's Jubiläum.) — Commentatio de Joachimo Cureo summo a XVI. medico, theologo, philosopho, historico. Marb. 1853. 8. (Zu Waldmann's Jubiläum.) — Geschichte des Hospitals St. Elisabeth zu Marburg. 1868. 8. (In den Schriften der Gesellsch. zur Beförderung der ges. Naturwissensch. zu Marburg. Bd. 9.)

Ausser selbständigen Schriften hat sich H.'s schriftstellerische Thätigkeit auch in zahlreichen grösseren und kleineren Arbeiten in Zeitschriften entfaltet, von denen er die Zeitschrift für die organische Physik. Bd. 1—3. Eisenach 1827. 28. 8. u. 4. allein, den Janus, Central-Magazin f. Geschichte u. Literärgesch. der Medicin u. s. w. zugleich mit Bretschneider, Henschel und Thierfelder. Bd. 1. 2. Gotha. 1851—53. 8. herausgegeben hat. In früheren Jahren lieferte er namentlich Abhandlungen in Rust's Magazin für die gesammte Heilkunde und in Meckel's Archiv f. d. Physiologie, sowie Recensionen besonders über nichtdeutsche Literatur in verschiedenen Zeitschriften; aus späterer Zeit sind insbesondere seine umfangreichen Jahresberichte über medicinische Geographie in Canstatt's (später Virchow's) Jahresbericht ab. d. Fortschritte der Medicin, sowie einige Arbeiten über Kiemenfisteln (welcher Gegenstand ihn noch in seinem letzten Lebensjahre beschäftigt hat) in Virchow's Archiv f. patholog. Anatomie u. s. w. hervorzuheben. Auch sind in den letzten Jahren einige Aufsätze von ihm in der Bollinger'schen Zeitschrift für Thiermedicin erschienen, deren erster Band (1876) ihm gewidmet und mit seinem Porträt versehen ist. Unter sonstigen zahlreichen Dedicationen hat ihm die der neurologischen Untersuchungen seines Schülers Rudolf Wagner und die des Compendio de la bibliografia de la veterinaria Española von Ramon Llorente Lazaro, Madrid 1856, besonders Freude gemacht. —

in Kassel und Hanau, und bezog im Herbst 1845 von dem ersteren aus die Universitäten Marburg, Heidelberg und Berlin, um Jura und Cameralia zu studiren, obwohl seine eigentliche Neigung ihn von früh an mehr zu historischen Studien führte. Nach bestandenen Prüfungen wurde er zum Obergerichtsreferendar bestellt, zog aber die akademische Laufbahn der praktischen vor, und begab sich, nachdem er am 22. März 1849 in Marburg die juristische Doctorwürde erlangt hatte, zunächst zur Fortsetzung seiner Studien nach Berlin, wo er sich enger an die ihm durch Verwandtschaft näher verbundenen Brüder Grimm und an Leopold Ranke, dem er bis an sein Ende eine von demselben warm erwiderte pietätsvolle Anhänglichkeit bewahrt hat, anschloss. Im Herbst 1850 habilitirte er sich in der hiesigen juristischen Facultät als Privatdocent mit einer Abhandlung aus dem römischen Civilrecht. Während seiner Marburger Docentenzeit beschäftigte ihn besonders das Studium der Verfassungsgeschichte deutscher Städte, das ihn namentlich auch mit Joh. Fr. Böhmer in Frankfurt a. M. in engere Verbindung brachte, und als dessen Frucht im J. 1854 das grössere Werk erschien, das seine Berufung nach Basel als Ordinarius für deutsche Rechtsgeschichte im Frühjahr 1855 veranlasste. Seine dortige Lehrthätigkeit beschränkte sich nicht auf die Rechtswissenschaft; er übernahm in einem mit Wackernagel gebildeten altdeutschen Seminar den Unterricht im Gothischen, und beschäftigte sich namentlich auch mit historisch-volkswirthschaftlichen Studien, zu denen besonders die Verhältnisse Basel's Stoff und Anregung gaben und die er mit den rechtsgeschichtlichen eng verknüpfte. Im Frühjahr 1863 kehrte er an unsere Universität als ordentlicher Professor der Rechtswissenschaft zurück mit dem Auftrage ausser der Vertretung des deutschen und Staatsrechts auch Vorlesungen über Nationalökonomie zu halten. Eines seiner hier entstandenen Hauptwerke giebt insbesondere auch Zeugniss von der schon in seiner ersten Schrift bewährten Neigung zur Forschung über die geschichtlichen Verhältnisse seines Heimathslandes und -Stammes. Im J. 1872 — 73 bekleidete er das Rectorat unserer Universität. Im Oktober 1881 wurde er als Vertreter des fünften Wahlkreises des Regierungsbezirks Kassel in den deutschen Reichstag gewählt. Bei Gelegenheit des Jubiläums von Tübingen 1877 wurde ihm die Ehrendoctorwürde der Staatswirthschaft zu Theil. Von den preussischen und hessen-darmstädtischen Fürsten war er durch Ordensverleihung ausgezeichnet. Eine plötzlich mit grosser Heftigkeit aufgetretene Gehirnaffection, durch die er sich dennoch bis wenige Tage vor seinem Ende seine Vorlesungen zu halten nicht hindern liess, führte seinen Tod am 2. Juli in Folge eines Gehirnschlags herbei. — Unter den von verschiedenen Seiten ihm gewidmeten ehrenvollen, seine vielseitige und tief eindringende wissenschaftliche Thätigkeit würdigenden

Auch durch Uebersetzungen hat er zur Verbreitung der nichtdeutschen medicinischen Literatur in Deutschland beigetragen, theils in Zeitschriften, theils in vollständigen Uebertragungen englischer und französischer Schriften, die er selbst verfasst oder veranlasst, und theilweise mit ausführlichen Anmerkungen versehen hat; so namentlich die des Handbuchs der Physiologie von Magendie (Eisenach. 1834), sowie die der Monographien von Scudamore über das Blut, von Willis über die Krankheiten des Harnsystems, und die von Wallach verfasste von Royle's Versuch über das Alterthum der indischen Medicin.

Nachrufen ist besonders der eines Jugendfreundes in der Allgemeinen Zeitung, Beilage Nr. 213, zu erwähnen; vgl. ebd. Beilage Nr. 192. (Bei seiner Beerdigung wurde, da ein näheres Eingehen auf seine Verdienste bei dieser Gelegenheit seinem ausgesprochenen Willen entgegen war, von Seiten der Universität nur ein kurzes Trauer- und Dankwort durch den Mund des Rectors gesprochen.) *)

Durch Berufung an andere preussische Hochschulen sind aus dem Lehrkörper der Universität geschieden der ordentliche Professor der Medicin und Director der Hebammenlehr- und Entbindungs-Anstalt Dr. Dohrn, der am 1. April d. J. in gleicher Eigenschaft nach Königsberg, und der ordentliche Professor der Geographie Dr. Rein, der am 1. Oktober d. J. in gleicher Eigenschaft nach Bonn versetzt wurde.

Dagegen wurden folgende Docenten an die hiesige Universität berufen:
1. Der ordentliche Professor der Medicin Dr. Friedrich Ahlfeld zu Giessen, welchem zugleich die Direction der Hebammenlehr- und Entbindungs-Anstalt übertragen worden ist;
2. der ordentliche Professor der Medicin Dr. Felix Marchand zu Giessen, welchem zugleich die Direction des pathologisch-anatomischen Instituts übertragen worden ist;
3. der ordentliche Professor der Geographie Dr. Theobald Fischer zu Kiel.

Ausserdem wurde der seitherige Privatdocent Dr. Emil Gasser zum ausserordentlichen Professor in der medicinischen Fakultät unserer Universität ernannt.

Von Beamten wurde der Custos an der Universitäts-Bibliothek Dr. Hildebrandt an die Landesbibliothek zu Wiesbaden versetzt.

---

*) Folgende Schriften sind von ihm erschienen:
De origine ac iure antiquissimo quarundam civitatum Hassiacarum. Cassellis. 1849. 8. (Marburger Inaugural-Dissertation.) — Commentatio ad Leg. 7 §. 1. sol. matr. 24, 3. Berol. 1850. 8. (Marburger Habilitationsschrift.) — Verfassungsgeschichte der deutschen Freistädte im Anschluss an die Verfassungsgeschichte der Stadt Worms. 2 Bde. Hamb. u. Gotha. 1854. 8. — Wormser Chronik von Friedrich Zorn mit den Zusätzen Franz Bertholds von Flersheim herausgegeb. von W. A. in der Bibliothek des litterar. Vereins in Stuttgart. XLIII. Stuttg. 1857. 8. — Das Aufkommen des Handwerkerstandes im Mittelalter. Basel. 1861. 8. — Zur Geschichte des Eigentums in den deutschen Städten. Basel. 1861. 8. — Recht und Wirtschaft nach geschichtlicher Ansicht. Drei Vorlesungen. Basel. 1863. [1. Ueber das Wesen des Rechts. 2. Zur Geschichte der Nationalökonomie. 3. Die Nationalökonomie der Gegenwart.] — Cultur- und Rechtsleben. Berlin. 1865. 8. — Cultur und Recht der Römer. Berlin. 1868. 8. — Die Bedeutung der kleinen Universitäten. Marburg. 1872. 8. (Rede beim Antritt des Rectorats.) — Ueber das Verhältnis der Reichs- zur Stammesgeschichte und die Bedeutung der letzteren. Mit besonderer Berücksichtigung der hessischen Landes- und Stammesgeschichte. Marb. 1875. 8. — Ansiedelungen und Wanderungen deutscher Stämme. Zumeist nach hessischen Ortsnamen. Marburg. 1875. 8. — [Deutsche Geschichte. Bd. I:] Deutsche Urzeit. Gotha. 1879. — 2. Aufl. 1880. — 3. Aufl. 1881. 8. — Dess. Werkes 2. Bd: Fränkische Zeit. 1. Hälfte. Gotha. 1881. 8. [Den Schluss hat der Verf. unmittelbar vor seiner Todeskrankheit nahezu vollendet.] — Studien zur deutschen Kulturgeschichte. Stuttg. 1882. 8. [Theilweise schon früher publicirte Abhandlungen.] — Zur Geschichte des Rheinlands (in der Westdeutschen Zeitschrift für Geschichte und Kunst, Jahrgang I, Heft 1. Trier. 1882).

Als Privatdocenten haben sich im Amtsjahre 1882/83 habilitirt: Dr. med. Hans Strahl in der medicinischen Facultät, Dr. phil. Gregor Sarrazin und Dr. phil. Johann Stosch in der philosophischen Facultät.

Unserem erhabenen Herrscherhause ihre Huldigungen darzubringen war der Universität in dem abgelaufenen Jahre mehrfach vergönnt. Gelegentlich der silbernen Hochzeit Ihrer Kaiserlichen und Königlichen Hoheiten des Kronprinzen und der Frau Kronprinzessin gab sie durch Ueberreichung einer Adresse ihren Gefühlen der Anhänglichkeit und Verehrung Ausdruck; gleicherweise geschah dies bei dem kurzen Aufenthalt unseres Kronprinzen zu Marburg am 24. August, bei welchem Anlasse der Prorector, Prof. Ennecccrus, an Stelle des abwesenden Rectors die Ansprache hielt. Ebenso hatte die Universität die Ehre in Veranlassung der Anwesenheit Sr. Majestät des Kaisers und Königs in unserer Provinz bei dem am 22. September zu Homburg stattgehabten Galadiner durch ihren Rector vertreten zu sein. Auch Ihre Majestät die Kaiserin drückte der Universität wegen der Betheiligung mehrerer ihrer Institute an der Berliner Hygieneausstellung Allerhöchstihre Anerkennung in einem huldvollen Schreiben vom 5. Juli d. J. aus.

Zum Ordensfeste pro 1883 wurde dem Professor Dr. L. Schmidt der Rothe Adler-Orden 4. Kl. verliehen. Der ordentliche Professor Dr. Klocke erhielt durch Allerhöchste Ordre vom 24. Januar den Königl. Kronen-Orden 4. Kl. Aus Anlass seines 60jährigen Professoren-Jubiläums wurde dem Professor Dr. Rüstell der Character als Geheimer Justizrath verliehen (bei demselben Anlasse ertheilte ihm die hiesige philosophische Facultät ihre Doctorwürde). Fernere Auszeichnungen erhielten bei Gelegenheit der Anwesenheit Sr. Majestät des Kaisers und Königs in der Provinz Hessen-Nassau die nachbenannten Angehörigen der Universität, nämlich: den Königl. Kronen-Orden 2. Kl. der Geh. Medicinal-Rath Professor Dr. Nasse, den Rothen Adler-Orden 3. Kl. mit der Schleife der ordentliche Professor und Oberbibliothekar Dr. Cäsar, den Rothen Adler-Orden 4. Kl. der ordentliche Professor Dr. Ubbelohde und der ordentliche Professor Dr. Justi, den Königl. Kronen-Orden 4. Kl. der ausserordentliche Professor Dr. Lahs; sowie ferner der ordentliche Professor Dr. Lieberkühn den Character als Geheimer Medicinal-Rath und der Universitäts-Rendant Dörffler den Character als Rechnungsrath.

Auch in dem abgelaufenen Jahre war die Frequenz der Universität eine recht erfreuliche zu nennen, indem sich die Zahl der neu Immatriculirten im Winter-Semester 1882/83 auf 228 und im Sommer-Semester 1883 auf 306 Studirende belief. Die Gesammtzahl der Studirenden betrug im Winter-Semester 1882/83 756 und im Sommer-Semester 1883 848, wozu im ersteren 34 und im letzteren 12 nichtimmatriculirte Zuhörer von Vorlesungen kamen.

Wir beklagen den Tod von drei Studirenden, stud. phil. August Strobel aus Wiesbaden, stud. phil. Adolph Kowsky aus Perleberg und stud. pharm. Bruno Köcher aus Cönnern.

In dem abgelaufenen Amtsjahre wurden folgende Universitäts-Institute durch Geschenke bedacht:

1. Das mineralogische Institut durch die von der Königlichen Staatsregierung angekaufte Prümm'sche Mineralien-Sammlung;
2. dasselbe Institut durch die Ueberlassung einer seither in dem Privatbesitz des Professors Klocke befindlichen Sammlung von Krystallmodellen, optischen und physikalischen Präparaten sowie werthvollen physikalischen Instrumenten;
3. das botanische Institut durch die von Dr. Hehl in Rio Janeiro demselben übermachte werthvolle Sammlung brasilianischer Producte des Pflanzenreichs;
4. das zoologische Institut durch eine seither im Besitze des Oberlehrers Schenk in Hadamar gewesene grössere Sammlung von Insecten, und
5. das archäologische Museum durch einen vom Wirkl. Geh. Ober-Regierungs-Rath Dr. von Sybel in Berlin demselben übermachten Gypsabguss der Laokoongruppe.

An dem am 4. August d. J. stattgefundenen Jubiläum des fünfzigjährigen Bestehens der Universität Zürich betheiligte sich die Universität durch Entsendung eines Vertreters, des Professors Dr. Ubbolohde, welcher eine kalligraphisch ausgeführte Adresse Namens der ersteren überreichte.

Die theologische Facultät hat eine, die philosophische drei Ehrenpromotionen vollzogen; ausserdem haben 9 Promotionen in der medicinischen und 19 in der philosophischen Facultät stattgefunden.